DIE LEHREN BUDDHAS

Herausgegeben von Jack Kornfield
unter Mitarbeit von Gil Fronsdal

*Aus dem Amerikanischen
von Ilse Fath-Engelhardt*

Dieses Buch wurde auf chlor- und säurefreiem Papier gedruckt.

Deutsche Erstausgabe Januar 1996
© 1996 für die deutschsprachige Ausgabe
Droemersche Verlagsanstalt Th. Knaur Nachf., München

Titel der amerikanischen Originalausgabe »Teachings of the Buddha«
© 1993 by Jack Kornfield
Originalverlag Shambhala, Boston & London
Umschlaggestaltung Graupner & Partner, München
Umschlagabbildung Claus Hansmann, München
Satz DTP br
Druck Himmer, Augsburg
Bindung AIB, Augsburg
Printed in Germany
ISBN 3-426-86094-5

2 4 5 3 1

Die Reihe »Spirituelle Wege« präsentiert essentielle Texte aus verschiedenen Zeiten, Kulturen und Religionen. Alle Titel verbindet eine gemeinsame Botschaft: Der Grund unseres Universums ist eine umfassende liebende Kraft, die unser Begriffsvermögen übersteigt und der wir uns daher nur durch partielle spirituelle und geistige Erkenntnisse nähern können.

Die vorliegenden Weisheitsbücher entstammen folgenden Kulturen und Religionen: Konfuzianismus, Hinduismus, Buddhismus, Christentum, Judentum und Islam. Als Klassiker der Spiritualität sprechen die Bände dieser Reihe unseren Geist, unsere Seele und unseren Körper an. Gerade wenn wir uns im Grenzbereich zwischen Körper und Geist bewegen, stellen wir fest, daß Materie und Geist keine Gegensätze sind, sondern verschiedene Ausdrucksebenen *einer* Kraft.

Mit dieser Pocketreihe wünschen wir Ihnen gute Reise auf *Ihrem Weg*.

SPIRITUELLE WEGE

Herausgegeben
von Gerhard Riemann

Für Mahaghosananda,
A. T. Ariyaratne und
Tenzin Gyatso,
die das Licht das Dharma wahren.

Inhalt

Vorwort

Nach der Legende begegnet der Buddha kurz nach seiner Erleuchtung auf der Straße einem Mann, der von der außergewöhnlichen Ausstrahlung und Ruhe des Erleuchteten geradezu überwältigt war. Der Fremde blieb stehen und fragte: »Mein Freund, was seid Ihr? Seid Ihr ein himmlisches Wesen oder ein Gott?«

»Nein«, sagte der Buddha.

»Dann seid Ihr vielleicht eine Art Magier oder Zauberer?«

Wieder sagte der Buddha: »Nein.«

»Ihr seid ein normaler Mensch?«

»Nein.«

»Nun, mein Freund, was seid Ihr dann?«

Der Buddha antwortete: »Ich bin erwacht.«

Das Wort *buddha* bedeutet »einer, der erwacht ist«. Es ist die Erfahrung des zur Lebenswahrheit Erwachens, um die es in der buddhistischen Tradition geht. Seit 25 Jahrhunderten weisen die Übungen und Lehren des Buddhismus einen systematischen Weg zu Klarheit und weiser Lebensführung. Sie weisen einen Weg, durch unseren eigenen Körper und Geist Befreiung zu finden, inmitten dieser bestehenden Welt.

Historisch verbürgt ist, daß Buddha in einem Königreich Nordindiens als Prinz geboren wurde. Obwohl er von seinem Vater wohlbehütet in wunderschönen Palästen aufwuchs, traf Buddha, als er älter wurde, auf das, womit wir alle konfrontiert werden: die unvermeidlichen Leiden des Lebens. Er sah, daß alles, was einem lieb ist, verlorengeht, sah Alter, Krankheit und Tod, die jeden Menschen heimsuchen. Da entschloß er sich, seinen Königstitel aufzugeben und den Palast zu verlassen, um als Wahrheitssucher den Ursachen des menschlichen Leids auf den Grund zu gehen. Er suchte Befreiung vom endlosen Kreislauf von Geburt und Tod.

Einige Jahre übte der Buddha sich in den Wäldern Indiens als enthaltsamer Yogi. Mit der Zeit wurde ihm klar, daß ihn seine strenge Askese auch nicht freier machte als sein früheres Schwelgen in weltlichen Genüssen. Statt dessen erkannte er, daß der Mensch nur dadurch Befreiung finden kann, daß er sein inneres Leben mit seinem äußeren in Einklang bringt, und er nannte diese Entdeckung den Mittleren Weg.

Nach dieser Erkenntnis setzte sich der Buddha unter einen großen Feigenbaum und gelobte, sich von den Fesseln, die das menschliche Leid verursachen, zu befreien. Er spürte diese Fesseln nur zu deutlich – Angst, Anhaften, Gier, Haß, Wahn, Versuchung und Zweifel. Und statt sie zu bekämpfen, besann sich der Buddha nun auf sich selbst und verweilte in edler Nüchternheit, bis er in der Tiefe menschlichen Bewußtseins einen Ort fand, von dem vollkommener Frieden ausging. Dies war seine Erleuchtung, die Entdeckung des *Nirvana*, die Befreiung seines Herzens von allen möglichen weltlichen Verstrickungen. Er war sich in dieser Nacht einer Wahrheit von solchem Ausmaß der Vollkommenheit bewußt geworden, daß seine Lehre, die dies zum Ausdruck bringt, bis zum heutigen Tag weltweit Menschen inspiriert und erleuchtet. Eineinhalb Milliarden Menschen, ein Viertel der Menschheit, geht heute Buddhas Weg.

Durch Buddhas Erleuchtung erwachten zwei große Kräfte in ihm: transzendente Weisheit und allumfassendes Mitgefühl. Als Buddha das Rad der Lehre in Bewegung setzte, wanderte er zuerst in den Wildpark nahe Benares und unterrichtete die Yogis, die einst seine Gefährten gewesen waren. Danach legte er 45 Jahre lang allen, die zuhören wollten, die Lehre der Weisheit und des Mitgefühls dar. Diese Lehre, die der

Buddha *Dharma* oder einfach »Weg« nannte, ist eine Einladung, den Weg der Erleuchtung zu gehen. Sie lädt alle zur Entdeckung der eigenen Buddhanatur ein, zur Entdeckung ihrer eigenen geistigen Freiheit und Liebe.

Um den verschiedenen Temperamenten der Schüler gerecht zu werden, lehrte der Buddha eine Reihe geistiger Übungen, die das Erwachen in wunderbarer Mannigfaltigkeit fördern. Es gibt grundlegende Übungen zur Entwicklung von Güte, Großzügigkeit und moralischer Integrität, der Ausgangsbasis geistigen Lebens. Dann gibt es zahlreiche Meditationsübungen zur Schärfung des Verstandes und Öffnung des Herzens. Hierzu gehören das Gewahrwerden des Atems und des Körpers, das Achten auf Gefühle und Gedanken, *Mantra*-Rezitationen, Hingabe-, Visualisations- und Kontemplationsübungen und Übungen, die zu geläuterten und tiefgründigen Bewußtseinszuständen führen.

Um diese Lehren am Leben zu erhalten, gründete der Buddha einen klösterlichen *Sangha*, der heute eine der ältesten überlebenden Ordensgemeinschaften auf Erden ist. Diese Mönche und Nonnen, deren Zahl rund um den Erdball noch immer in die Hunderttausende geht, folgen dem Buddha in einem Leben der Entsagung nach. Aber die Lehren, die er hinterließ, galten nicht nur Ordensmitgliedern. Sie können im Herzen eines jeden Menschen verstanden und erweckt werden, in jeder Situation und Lebenslage. Das Wesentliche dieser Lehren ist in diesem kleinen Band zusammengefaßt.

Der erste Teil der hier versammelten Texte wurde ursprünglich rezitiert und über 600 Jahre lang mündlich überliefert, bis eine Niederschrift erfolgte. Dann wurden sie in alten Sprachen wie Sanskrit und Pali auf Palmblättern aufgeschrieben, oder sie blieben durch Übersetzungen ins Chinesische oder Tibetische erhalten. Der zweite Teil der Texte stammt von großen indischen, chinesischen, japanischen und tibetanischen *Bodhisattvas*, erwachten Wesen, die in der Nachfolge Buddhas lehren. Obwohl diese späteren Texte nicht vom historischen Buddha selbst stammen, sind sie wegen ihrer Schönheit und Authentizität, in der sie Buddhas Lehre zum Ausdruck bringen, mit in diesen Band aufgenommen worden. Nach buddhistischer Lehre ist Buddhaschaft nicht nur einem einzigen Menschen vorbehalten, der vor langer Zeit lebte. Illustriert wird dies durch die Geschichte eines jungen Mönchs, der wochenlang zu Füßen des Buddhas gesessen und ihn während des Zuhörens die ganze Zeit über hingerissen angestarrt hatte. Schließlich tadelte ihn der Buddha mit folgenden Worten: »Du begreifst überhaupt nicht, wovon ich spreche. Um den Buddha zu verstehen, mußt du auf das Dharma, auf die Wahrheit hören. Mich versteht, wer die Wahrheit versteht.«

Beim Lesen der Lehren in diesem Buch sollte man daran denken, daß sie nicht dazu da sind, um in irgendeine philosophische, literarische oder theologische Schublade gesteckt zu werden. Es handelt sich um Wahrheitsworte, die dem Leser ein Erwachen ermöglichen. Der Wahrheitsgehalt dieser Worte ist so groß, daß bei ihrer erstmaligen Äußerung alle anwesenden Zuhörer erweckt wurden; ihnen gingen Augen und Herz auf, und sie entdeckten eine echte innere Freiheit.

Der Leser möge sich diese Seiten in aller Ruhe zu Gemüte führen, sie mit Andacht lesen, bei ihnen verweilen, sie in sich wirken lassen, damit auch er Erweckung erfahren kann.

Möge die Wahrheit dieser Zeilen in allen Wesen transzendente Weisheit und weitherziges Mitgefühl erwecken. Möge diese Lektüre für alle segensreich sein.

JACK KORNFIELD
Spirit Rock Center
Woodacre, Kalifornien

1
Wachsamkeit

Wachsamkeit ist der Weg des Lebens.
Der Tor schläft,
als wäre er bereits tot.
Der Meister aber ist wach,
und er lebt ewig.

Er ist achtsam.
Er ist scharfsinnig.

Wie glücklich er ist!
Denn er weiß,
daß Wachsamkeit Leben bedeutet.
Wie glücklich er ist
auf dem Weg des Erwachten!

Mit großer Ausdauer
meditiert er im Streben nach
Freiheit und Frieden.

Dhammapada [A]*

---

* Genauere Quellenangaben befinden sich am Ende des
  Buches.

2
Leuchtend ist der Geist

Leuchtend ist der Geist, strahlend hell, aber er ist behindert von den Neigungen, die ihn befallen. Dies verstehen die Ungebildeten nicht ganz, und so pflegen sie nicht den Geist. Leuchtend ist der Geist, strahlend hell, und er hängt nicht ab von den Neigungen, die ihn befallen. Dies weiß der edle Nachfolger des Weges sicher; also gibt es für ihn eine Kultivierung des Geistes.

Anguttara Nikaya (nach G. Fronsdal)

3
Eine kluge Person

Eine kluge Person sollte aufrichtig und weder hochmütig noch hinterlistig, noch verleumderisch, noch gehässig sein. Eine kluge Person sollte die Übel Gier und Geiz überwinden.

Um deine Gedanken zu beruhigen, mußt du über Schläfrigkeit, Dumpfheit und Trägheit hinwegkommen. Es darf keinen Platz geben für Faulheit und keine Zuflucht zum Stolz.

Lasse dich zu keiner Lüge hinreißen, klammere dich nicht an Äußerlichkeiten. Allen Stolz mußt du durchschauen und friedlich deines Weges gehen.

Über Altes errege dich nicht, auf Neues bilde dir nichts ein. Trauere keinem Verlust nach, und laß dich nicht von Begierde beherrschen.

Nach dem *Sutta Nipata* [A]

4
Wir sind das, was wir denken

Wir sind das, was wir denken.
Alles, was wir sind, entsteht durch unsere
Gedanken.
Mit unseren Gedanken erschaffen wir die Welt.
Spreche oder handle mit unreinen Gedanken,
und das Unglück wird dich verfolgen
wie das Rad den Ochsen, der den Karren zieht.

Wir sind das, was wir denken.
Alles, was wir sind, entsteht durch unsere
Gedanken.
Mit unseren Gedanken erschaffen wir die Welt.
Spreche oder handle mit reinen Gedanken,
und das Glück wird dir auf dem Fuße folgen
wie dein Schatten, unerschütterlich.

Wie kann ein verwirrter Verstand
den Weg verstehen?
Dein schlimmster Feind kann dir nicht
soviel anhaben wie deine eigenen unkontrollier-
ten Gedanken.

Aber hast du sie einmal unter Kontrolle,
so kann dir niemand behilflicher sein.
Nicht einmal mehr dein Vater oder deine
 Mutter.

Dhammapada [A]

5
Das Sutra von der Herzensgüte

Darin besteht das Tun jener Klugen und
Friedlichen, die nach dem Vollkommenen
streben:

Mögen sie tüchtig und aufrichtig,
    offen und höflich
    und nicht stolz sein.
Mögen sie zufrieden und bescheiden
    unbeschwert und
    gelassen sein.
Mögen sie weise sein und weder arrogant
    noch neidisch auf den Besitz anderer.
Mögen sie nichts Gemeines tun oder etwas,
    das der Weise mißbilligt.

Mögen alle Wesen glücklich sein.
Mögen sie in Sicherheit und Freude leben.
Mögen alle Lebewesen, ob schwach oder stark,
    groß, mittelgroß, untersetzt oder klein,
    sichtbar oder unsichtbar, nah oder fern,
    geboren oder ungeboren, mögen sie alle
    glücklich sein.

Möge niemand andere betrügen oder irgendein
     Wesen verachten, ganz gleich, wie es
        geartet ist,
     möge niemand im Zorn oder aus Haß
        anderen
     Unheil wünschen.

Wie eine Mutter ihr einziges Kind behütet
     und zu seinem Schutz bereit ist,
     ihr eigenes Leben zu opfern,
     so sollte man allen Lebewesen
     von ganzem Herzen zugetan sein, indem
     man seine uneingeschränkte Liebe und
     Güte in die Welt verströmt.

Im Gehen und Stehen, im Sitzen und Liegen
     sollte man sich den ganzen Tag über
     in dieser Herzensgüte üben
     und auf diese Lebensweise bauen,
     die die beste der Welt ist.

Frei von Spekulationen, Meinungen und
     Sinnesbegierden, klar im Kopf,
     eine solche Person wird nicht mehr
        wiedergeboren
     im Kreislauf der Existenzen.

Metta Sutta (nach G. Fronsdal)

6
Die Entfaltung von liebender Güte

Laß alle Hindernisse zurück, und durchdringe mit deinem von Liebe erfüllten Geist eine Himmelsrichtung und auf diese Weise auch die zweite Himmelsrichtung und so die dritte und so die vierte. Und so fahre fort, die ganze weite Welt, oben, unten, rundum und überall, mit dem Gedanken der Liebe zu durchdringen, überquellend, erhaben, jenseits alles Meßbaren, frei von Haß und Mißgunst.

Nach dem *Digha Nikaya* [A]

7
Alle Wesen haben Angst vor Gewalt

Alle Wesen haben Angst vor Gewalt.
Alle fürchten den Tod.
Alle lieben das Leben.

Versetze dich hinein in andere.
Wen könntest du dann noch verletzen?
Wem noch schaden?

Wer auf seiner Suche nach Glück
jenen schadet, die auch nach Glück streben,
wird niemals glücklich werden.

Denn dein Mitmensch ist wie du.
Er möchte auch glücklich sein.
Tue ihm kein Leid an,
dann wirst auch du Glück finden,
wenn du aus diesem Leben scheidest.

Dhammapada [A]

8
Große Lehrrede über den Segen

Einmal weilte der Erhabene im Jeta-Hain. Da näherte sich ihm ein gewisses göttliches Wesen von erstaunlicher Schönheit und sagte:

Viele Götter und Menschen
haben über den Segen nachgedacht.
Sage mir, was ein besonderer Segen ist.

Der Buddha antwortete:
Sich nicht auf Toren einzulassen,
gute Gesellschaft zu suchen,
die Ehrwürdigen zu achten,
das ist ein besonderer Segen.

An einem angemessenen Platz zu wohnen,
gute Taten vollbracht zu haben,
sich in die richtige Richtung zu bewegen,
das ist ein besonderer Segen.

Redegewandt, gut ausgebildet,
wohlerzogen, handwerklich geschickt
und sehr diszipliniert zu sein,
das ist ein besonderer Segen.

Vorbildliches Verhalten, tadelloses Tun,
Großzügigkeit gegenüber allen
    Verwandten
und selbstloses Geben,
das ist ein besonderer Segen.

Vom Übel abzulassen und sich dessen zu
    enthalten,
Suchtmittel zu meiden,
sich in Tugenden fleißig zu üben,
das ist ein besonderer Segen.

Ehrerbietig und bescheiden,
zufrieden und dankbar zu sein,
das Dharma zur rechten Zeit zu hören,
das ist ein besonderer Segen.

Geduldig und gehorsam zu sein,
mit geistigen Menschen zusammen-
    zukommen,
zur rechten Zeit über das Dharma zu
    sprechen,
das ist ein besonderer Segen.

Genügsam und untadelig zu leben,
die edlen Wahrheiten zu erkennen
und das Nirvana zu begreifen,
das ist der größte Segen.

———

Ein Geist, der in Kontakt mit der Welt
unerschütterlich bleibt,
heiter, makellos und gelassen,
das ist der größte Segen.

Diejenigen, die all dies vollbracht haben,
sind überall unbesiegbar;
sie finden überall Wohlergehen,
ihnen wird der größte Segen zuteil.

Nach dem *Mangala Sutta*

9
Die richtige Gesellschaft

Dann ging der ehrwürdige Ananda zum Erhabenen, warf sich nieder und setzte sich neben ihn. Als er saß, sagte der ehrwürdige Ananda zum Erhabenen:

»Herr, gute und edle Freunde, die Gemeinschaft mit den Rechtschaffenen und persönliche Verbindung mit den Rechtschaffenen machen die Hälfte dieses tugendhaften Lebens aus.«

»Sage das nicht, Ananda. Sage das nicht, Ananda. Diese Freundschaft, Gemeinschaft und Verbindung mit den Rechtschaffenen macht das Ganze dieses tugendhaften Lebens aus.«

Samyutta Nikaya [A]

10
Erfreulicher Umgang

Wie erfreulich ist
der Anblick der Erwachten,
wie erfreulich ist
der Umgang mit den Weisen.

Halte dich also an die Erleuchteten,
die Weisen, die Erwachten, die Liebenden,
denn sie wissen,
was zu tun und zu lassen ist.

Wenn du keinen Freund oder Meister,
der dich begleitet, finden kannst,
mache dich alleine auf den Weg –
wie ein König,
der sein Königreich hergegeben hat,
wie ein Elefant im Wald.

Sollte der Wanderer jedoch
einen tugendhaften und weisen
Gefährten finden,
mögen sie fröhlich miteinander gehen
und gemeinsam die Gefahren
auf dem Weg bestehen.

Folge ihnen
wie der Mond dem Weg der Gestirne folgt.

Dhammapada [A]

11
Nur Liebe besiegt Haß

Sieh dir an, wie er mich verletzt und geschlagen,
wie er mich zu Boden geworfen und ausgeraubt hat.«
Lebe mit solchen Gedanken, und du lebst in Haß.

»Sieh dir an, wie er mich verletzt und geschlagen,
wie er mich zu Boden geworfen und ausgeraubt
  hat.«
Gib solche Gedanken auf und lebe in Liebe.

In dieser Welt
hat Haß noch niemals Haß vertrieben.
Nur Liebe besiegt Haß.
Dies ist das Gesetz,
alt und unverbrüchlich.
Auch du wirst einmal sterben.
Weißt du dies,
wie kannst du dann noch streiten?

Dhammapada [A]

12
Das Gleichnis von den Sandburgen

Einige Kinder spielten am Flußufer. Sie bauten Sandburgen, und jedes Kind verteidigte seine Burg und sagte: »Das ist meine.« Sie achteten darauf, daß die Burgen nicht aneinanderstießen und duldeten keine Zweifel darüber, wem welche gehörte. Als die Burgen alle fertig waren, trat ein Kind gegen die Burg eines anderen und zerstörte sie. Der Burgbesitzer geriet in Zorn, zog den Angreifer an den Haaren, schlug mit den Fäusten auf ihn ein und rief laut: »Er hat meine Burg kaputtgemacht! Kommt alle her, verpassen wir ihm die Strafe, die er verdient.« Da kamen alle zur Hilfe herbei. Sie schlugen das Kind mit einem Stock, und als es am Boden lag, traten sie es mit den Füßen … Dann spielten sie in ihren Sandburgen weiter, wobei jedes sagte: »Das ist meine; niemand anders darf sie haben. Weg da! Rühr meine Burg ja nicht an!« Aber der Abend kam; es wurde dunkel, und alle fanden es an der Zeit, nach Hause zu gehen. Keinen kümmerte es nun, was aus seiner Burg wurde. Ein Kind zertrampelte seine Burg, ein anderes stürzte seine Burg mit den Händen ein. Dann drehten sie sich um und gingen fort, jeder zu sich nach Hause.

Yogacara Bhumi Sutra

13
Die fünf Anhäufungen

Der gelehrige Schüler der Edlen hält die körperliche Gestalt nicht für sein Selbst, er geht nicht davon aus, daß er aus einer materiellen Form besteht oder daß sich ein Körper im Selbst oder das Selbst in einem Körper befindet. Und ebensowenig betrachtet er Gefühle, Wahrnehmungen, Willensregungen oder Bewußtsein auf irgendeine dieser Weisen. Er sieht alle die fünf Anhäufungen* als das an, was sie wirklich sind, nämlich als vergänglich, leidvoll, uneigentlich, verworren und erbärmlich. Er baut nicht auf sie, versucht sich nicht an ihnen festzuhalten oder sie zu bestimmen als »ich selbst«, »mein Selbst« – und dies führt mit der Zeit zu seinem Wohlbefinden und Glück.

Der gelehrige Schüler der Edlen betrachtet die körperliche Gestalt und so weiter folgendermaßen: »Dies gehört mir nicht, dies bin ich nicht, dies ist nicht mein Selbst.« Deshalb ver-

---

* Mit den fünf »Anhäufungen« (Sanskrit *skandhas*) werden die fünf grundlegenden Bestandteile des Seins bezeichnet: körperliche Form, Gefühle, Wahrnehmung, Willensregungen (oder geistige Funktionen) und Bewußtsein.

fällt er nicht in Kummer, Gram und Sorge, deshalb jammert und verzweifelt er nicht, wenn sich die körperliche Gestalt und so weiter verändert und zu etwas anderem wird.

Nach dem *Samyutta Nikaya* [B]

14
Der Wohlgeruch der Tugend

Der Duft von Sandelholz, Oleander oder Jasmin
kann sich nicht verbreiten
gegen den Wind.

Doch der Wohlgeruch der Tugend
zieht auch gegen den Wind
bis in alle Winkel der Welt.

Wie Girlanden, gebunden aus einem Berg von Blumen,
laß einen Kranz guter Taten
aus deinem Leben entstehen.

Dhammapada [A]

15
Nimm die Gesinnung der Erde an

Nimm die Gesinnung der Erde an. Denn die Menschen werfen auf sie Sauberes und Unsauberes, Kot und Urin, Speichel, Eiter und Blut, und die Erde ist weder ärgerlich noch empört oder angewidert. Wenn du gesonnen bist wie die Erde, wird deinen Geist weder Angenehmes noch Unangenehmes beeinflussen.

Auch solltest du dich wie das Wasser verhalten, denn die Menschen werfen alles mögliche Saubere und Unsaubere hinein, und das Wasser ist weder ärgerlich noch empört oder angewidert. Und ähnlich ist es mit dem Feuer, das alle Dinge verbrennt, reine und unreine, und mit der Luft, die über alles hinwegstreicht, und mit dem Raum, der sich nirgends niederläßt.

Entwickle eine gütige Gesinnung in dir, denn dadurch wird sich der Groll verringern; und Mitgefühl, denn dadurch wird sich der Zorn verringern; und Frohsinn, denn dadurch wird sich der Haß verringern; und Gleichmut, denn dadurch wird sich der Widerwille verringern.

Majjhima Nikaya [A]

16
Die süße Freude des Weges

Freue dich,
bleib liebevoll,
selbst unter denjenigen, die hassen.

Freue dich,
bleib gesund,
selbst unter den Kranken.

Freue dich,
bleib friedlich,
selbst unter den Empörten.

Schaue in dich.
Sei gelassen.
Frei von Furcht und Begehren,
erfahre die süße Freude des Weges.

Dhammapada [A]

17
Der Hirt Dhaniya

Ich habe meinen Reis gekocht und meine Kühe
gemolken«, so sagte der Hirt Dhaniya. »Ich
lebe mit meinen Dorfgenossen am Ufer des Mahi-Flusses, mein Haus hat ein Dach, das Herd-
feuer brennt: deshalb, o Himmel, regne ruhig!«

»Ich bin ohne Ärger, ohne Trotz«, so sagte
der Erhabene. »Ich weile für eine Nacht am
Ufer des Mahi-Flusses, mein Haus hat kein
Dach, das Feuer der Begierde ist gelöscht: deshalb, o Himmel, regne ruhig!«

»Stechfliegen sind hier nicht zu finden«, so
sagte der Hirt Dhaniya. »Die Kühe weiden auf
fetten Wiesen, und ein Regen schadet ihnen
nicht: deshalb, o Himmel, regne ruhig!«

»Ich habe ein wohlgefügtes Floß gebaut«, so
sagte der Buddha. »Ich habe den reißenden Strom
überwunden und das andere Ufer erreicht; das
Floß wird nicht mehr länger gebraucht: deshalb,
o Himmel, regne ruhig!«

»Meine Frau ist fügsam und nicht liederlich«,
so sagte der Hirt Dhaniya. »Sie lebt seit langem
bei mir und ist mir teuer; ich höre nichts Böses
von ihr: deshalb, o Himmel, regne ruhig!«

»Mein Geist ist fügsam, befreit von allem Weltlichen«, so sagte der Buddha. »Er wird seit langem ständig geschult und gemeistert; ich habe alles Böse in mir überwunden: deshalb, o Himmel, regne ruhig!«

»Ich lebe von meiner Arbeit Lohn«, so sagte der Hirt Dhaniya. »Und rings um mich her sind alle meine Kinder, gesund; ich höre nichts Garstiges von ihnen: deshalb, o Himmel, regne ruhig!«

»Ich lebe von niemandes Lohn«, so sagte der Buddha. »Mit dem, was ich erlangt habe, wandere ich in der ganzen Welt umher, ohne irgend jemandem etwas schuldig zu sein: deshalb, o Himmel, regne ruhig!«

Nach dem *Sutta Nipata* [B]

18
Der Ausweg

Vor meiner Erleuchtung, als ich noch ein unerleuchteter Bodhisattva war, fragte ich mich: Die Körperempfindungen, Gefühle (Lust, Schmerz oder keines von beidem), Wahrnehmungen, die Geistregungen, das Bewußtsein, was ist ihr Lohn, welche Gefahren bergen sie, gibt es einen Ausweg? Dann dachte ich: Die Lust und Freude, die sich aus diesen fünf Anhäufungen ergeben, sind der Lohn; die Tatsache, daß diese fünf Dinge vergänglich, leidvoll und der Veränderung unterworfen sind, macht sie gefährlich; die Meisterung und Aufgabe der Lust und des Verlangens nach ihnen ist der Ausweg.

Solange ich nicht aus eigener Erfahrung wußte, daß dies wirklich der Lohn, wirklich die Gefahr und wirklich der Ausweg war, hinsichtlich der von Begierde beeinflußten fünf Anhäufungen, so lange erhob ich keinen Anspruch darauf, daß ich die Erleuchtung gefunden hatte, und zwar die höchste in dieser Welt mit ihren Göttern, ihren Maras und ihren himmlischen Wesen, innerhalb dieser Generation von Mönchen, Brahmanen, Herrschern und Untertanen.

Aber sobald ich aus eigener Erfahrung wußte, daß dies wirklich der Lohn, wirklich die Gefahr und wirklich der Ausweg war, hinsichtlich der von Begierde beeinflußten fünf Anhäufungen, erhob ich den Anspruch darauf, die Erleuchtung gefunden zu haben, und zwar die höchste in dieser Welt mit ihren Göttern, ihren Maras und ihren himmlischen Wesen, innerhalb dieser Generation von Mönchen, Brahmanen, Herrschern und Untertanen.

Samyutta Nikaya [C]

19
Die endgültige Befreiung

Da ich selbst der Geburt, dem Alter, der Krankheit, dem Tod, dem Leid und dem Irrtum unterlag, da ich erkannte, wie gefährlich es war, diesen Dingen ausgeliefert zu sein, und da ich das ungeborene, zeitlose, leidfreie, todlose, sorgenfreie, makellose, unumstößliche Ende der Gefangenschaft, das Nirvana suchte, erlangte ich es. In mir war das Wissen und die Einsicht: Meine Befreiung ist endgültig; dies ist meine letzte Geburt; es gibt jetzt keine Daseinswiederholung mehr.

Majjhima Nikaya

20
Bauherr, jetzt bist du erkannt

Auf der erfolglosen Suche nach dem
Bauherrn,
drehte ich mich im Kreis zahlloser Geburten:
Oh, schmerzlich ist jede Geburt.
Bauherr, jetzt bist du erkannt;
du sollst kein neues Haus mehr bauen.
Dein Sparrenwerk ist eingerissen;
zerstört ist selbst der Firstbalken.
Jetzt hat mein Geist das formlose Nirvana
erlangt
und jede Art von Wollen überwunden.

Dhammapada [B]

21
Das Gleichnis vom Giftpfeil

Ein Mann kam zum Erhabenen und wollte alle seine philosophischen Fragen beantwortet haben, bevor er mit der Übung beginnen würde.

Darauf erwiderte der Buddha: »Es ist genauso, als würde ein Mann, in dem ein Giftpfeil steckt, zu dem herbeigeeilten Arzt sagen: ›Ich werde Euch so lange nicht erlauben, diesen Giftpfeil zu entfernen, bis ich Kaste, Alter, Beruf, Geburtsort und Motiv der Person erfahren habe, die mich verwundet hat.‹ Dieser Mann würde sterben, bevor er all dies erfahren hätte. Genauso erginge es jedem Menschen, der sagen würde: ›Ich werde die Lehren des Erhabenen so lange nicht beherzigen, bis mir der Erhabene alle vielfältigen Wahrheiten der Welt erklärt hat‹ – er würde sterben, bevor ihm der Buddha all dies hätte erklären können.«

Nach dem *Majjhima Nikaya* [C]

22
Das Dharma als Labsal

Genauso wie ein fähiger Arzt einen schmerzgeplagten, schwerkranken Patienten durchaus sofort heilen kann, werden auch Sorge, Klage, Leid, Kummer und Verzweiflung vergehen, wenn man etwas von Buddhas Dharma erfährt, seien dies nun Lehrreden, gemischte Aussprüche, Erklärungen oder wunderbare Gleichnisse.

Genauso als wäre da ein wunderschöner Teich mit sauberem, klarem, frischem, kühlem Wasser und einem herrlichen Ufer, und jemand käme vorbei, ausgelaugt und erschöpft von der Hitze, ermüdet, verschwitzt und durstig, und er würde in den Teich steigen, baden und daraus trinken, so daß seine ganze Qual, Erschöpfung und Überhitzung von ihm abfallen; genauso ist es für den von Not und Gier Geplagten eine Labsal, wenn er etwas von Buddhas Dharma erfährt, seien dies nun Lehrreden, gemischte Aussprüche, Erklärungen oder wunderbare Gleichnisse.

Anguttara Nikaya [A]

23
Die Vier Edlen Wahrheiten

Der Buddha sagte:
»Und ich fand jene vollkommene Wahrheit, die so schwer wahrzunehmen, so schwer zu erkennen, so tröstlich und erhaben ist, die nicht durch bloßes Schlußfolgern gefunden werden kann und sich nur dem Weisen offenbart.

Die Welt hingegen ist dem Vergnügen ergeben, von Vergnügungen erfüllt, versessen auf Lust. Wahrlich, solche Wesen werden das Gesetz der Abhängigkeit, das bedingte Entstehen von allem, schwer verstehen. Doch gibt es Wesen, deren Blick nur leicht getrübt ist: Sie werden die Wahrheit erkennen.

Was ist nun die Edle Wahrheit vom Leiden?

Die Geburt bedeutet Leiden; das Altern bedeutet Leiden; der Tod bedeutet Leiden; Not, Kummer, Sorge, Schmerz und Verzweiflung bedeuten Leiden; unerfüllte Wünsche bedeuten Leiden; kurz, die fünf Anhäufungen der Elemente bedeuten Leiden.

Was ist nun die Edle Wahrheit von der Entstehung des Leidens?

Es ist die Begierde, die neue Wiedergeburten verursacht und auf der Jagd nach Genuß und Vergnügen, bald hier, bald dort, immer neue Lust findet. Aber wodurch entsteht die Begierde, worin wurzelt sie? Wo immer es in der Welt erfreuliche und angenehme Dinge gibt, dort entsteht das Verlangen und schlägt Wurzeln. Auge, Ohr, Nase, Zunge, Körper und Geist sind erfreulich und angenehm:

Erfreulich und angenehm sind sichtbare Gegenstände, Klänge, Gerüche, Geschmäcke, körperliche Empfindungen und Ideen: Dort entsteht das Verlangen und schlägt Wurzeln.

Erfreulich und angenehm sind das Bewußtsein, Sinneseindrücke, aus Sinneseindrücken entstandene Gefühle, das Wahrnehmen, Wollen, Wünschen, Denken und Nachdenken: Dort entsteht das Verlangen und schlägt Wurzeln.

Was ist nun die Edle Wahrheit von der Aufhebung des Leidens?

Es ist das vollständige Verschwinden und Erlöschen dieses Verlangens durch die eigene Loslösung, Enthaltung, Befreiung und Trennung von ihm. Wahrlich, Nirvana bedeutet die Vernichtung der Gier, die Vernichtung des Hasses, die Vernichtung des Wahns. Und ein in dieser Weise befreiter Schüler, in dessen Herz der Frieden eingekehrt ist, hat alles vollbracht, nichts mehr bleibt für ihn zu tun übrig. So jemanden können Formen, Klänge, Gerüche, Geschmäkke oder irgendwelche Berührungen angenehmer oder unangenehmer Art ebensowenig ins Wanken bringen wie ein Sturm einen massiven Felsen; unbeirrbar ist sein Geist, Befreiung ist erlangt.

Und jemand, der die Welt in ihrer ganzen Gegensätzlichkeit betrachtet und sich durch nichts mehr verwirren läßt, der Friedfertige, frei von Zorn, Kummer und Gier: der hat den Kreislauf von Geburt und Tod überwunden.

Das heiße ich weder Entstehen noch Vergehen, weder Bestehenbleiben noch Geborenwerden, noch Sterben. Hier gibt es weder einen Rückhalt noch eine Entwicklung, noch irgendeinen festen Ausgangspunkt. Dies ist das Ende vom Leiden.

Daher zielt das tugendhafte Leben weder auf den Erwerb von Gütern, Ehre oder Ruhm noch auf die Ausweitung der Moral, der Konzentration oder des erkennenden Blicks ab. Die endgültige Befreiung des Herzens: Das in der Tat ist der Sinn des tugendhaften Lebens, das ist das Wesentliche, das ist das Ziel.

Was ist nun die Edle Wahrheit vom Weg, der zur Aufhebung des Leidens führt?

Zwei Extreme gibt es: die völlige Hingabe an sinnliche Vergnügungen, die niedrigen, gemeinen, gewöhnlichen, profanen, leeren, und die völlige Hingabe an die Selbstabtötung, die schmerzliche, profane, sinnlose; beiden Extremen ist der Vollkommene entronnen, und er hat den Mittleren Weg gefunden, der Klarheit und Erkenntnis verleiht, der zum Frieden, zur Einsicht, zum Nirvana führt.

Der Edle Achtfache Pfad ist der Weg, der zur Aufhebung des Leidens führt, nämlich:

1. Vollkommene Einsicht
2. Vollkommene Entschlossenheit
3. Vollkommene Rede
4. Vollkommenes Handeln
5. Vollkommener Lebensunterhalt
6. Vollkommene Anstrengung
7. Vollkommene Achtsamkeit
8. Vollkommene Versenkung

Dies ist der Mittlere Weg, den der Vollkommene gefunden hat, der Klarheit und Erkenntnis verleiht, der zum Frieden, zur Einsicht, zur Erleuchtung führt.«

Samyutta Nikaya [D]

24
Alter, Krankheit und Tod

Hast du jemals schon einen Mann oder eine Frau von achtzig, neunzig oder hundert Jahren gesehen, alt, gebrechlich, bucklig wie ein Giebeldach, krumm, auf Krücken gestützt, wacklig auf den Beinen, schwach, die Jugend lange dahin, zahnlos, mit grauen, schütteren oder gar keinen Haaren, runzlig und voller Altersflecken? Und ist dir noch niemals in den Sinn gekommen, daß auch du dem Verfall unterliegst, daß du ihm genausowenig entkommen kannst?

Hast du jemals schon erlebt, wie ein Mann oder eine Frau, elend, qualvoll leidend und schwer krank, sich im eigenen Schmutz wälzend, von den einen aufgerichtet und versorgt und von den anderen wieder ins Bett zurückgelegt wird? Und ist dir noch niemals in den Sinn gekommen, daß auch dich eine Krankheit befallen kann, daß auch du dem Verfall nicht entkommen kannst?

Hast du schon jemals den Leichnam eines Mannes oder einer Frau gesehen, ein, zwei oder drei Tage nach dem Tod, aufgeschwollen, blauschwarz verfärbt und voller Fäulnis? Und kam dir noch niemals der Gedanke, daß auch du sterben mußt, daß auch du dem Tod nicht entrinnst?

Stell dir einmal vor, es wären einem Menschen mit wachen Augen die vielen Wasserblasen im Ganges aufgefallen und er hätte sie genau beobachtet und nach seiner genauen Untersuchung wären sie ihm leer, unwirklich und wesenlos vorgekommen. Genauso fallen einem Mönch alle körperlichen Empfindungen, Gefühle, Wahrnehmungen, Geistregungen und Bewußtseinszustände auf – ob sie nun der Vergangenheit, Gegenwart oder Zukunft angehören, weit entfernt sind oder nah. Und er beobachtet und untersucht sie genau; und nach seiner sorgfältigen Überprüfung erscheinen sie ihm leer, unwirklich und wesenlos.

Majjhima Nikaya [D]

25
Wenige überqueren den Fluß

Wenige überqueren den Fluß.
Die meisten stranden auf dieser Seite
und laufen am Ufer auf und ab.

Aber der kluge Mensch setzt über.
Im Vertrauen auf den Weg
kommt er jenseits der Reichweite des Todes an.

Frei von Verlangen,
frei von Besitztümern,
frei von Anhaftung und Hunger,
geleitet von den sieben Lichtern des Erwachens,
in freudiger Selbstbestimmung
wird der kluge Mensch
selbst ein Licht in dieser Welt,
rein, leuchtend, frei.

Nach dem *Dhammapada* [A]

26
Die zerbrechliche Gotami

Gotami war ihr Familienname, aber aufgrund ihrer Zartheit nannte man sie Kisa Gotami oder »zerbrechliche Gotami«. Ihre Wiedergeburt hatte in einer sehr armen Familie in Savatthi stattgefunden. Als sie erwachsen war, heiratete sie und zog in das Haus ihres Mannes zu dessen Familie. Dort galt sie gar nichts, weil sie aus armem Hause kam. Nach einer Weile gebar sie einen Sohn. Daraufhin brachte man ihr Respekt entgegen.

Aber als ihr Junge alt genug war, um zu spielen und herumzulaufen, starb er. Großer Kummer befiel sie. Sie dachte: Erst seit der Geburt meines Sohnes bin ich, die vorher in diesem Haus nur verachtet und herumgestoßen wurde, respektvoll behandelt worden. Vielleicht haben diese Menschen meinem Sohn etwas angetan. Also machte sie sich mit ihrem Sohn in den Armen auf in die Stadt. Sie ging von Haustür zu Haustür und sagte: »Gebt mir eine Arznei für meinen Sohn!«

Und alle Leute, denen sie begegnete, sagten: »Hat es schon jemals eine Medizin für einen Toten gegeben?« Dabei schlugen sie die Hände über dem Kopf zusammen und machten sich über sie lustig. Gotami verstand überhaupt nicht, was los war.

Nun beobachtete sie ein gewisser weiser Mann und dachte bei sich: Diese Frau muß vor Trauer um ihren Sohn den Verstand verloren haben. Falls ihr überhaupt noch zu helfen ist, dann nur durch den Weisen der zehn Kräfte. Da sagte er zu ihr: »Frau, was die Medizin deines Sohnes betrifft, so kennt sie, wenn überhaupt, nur einer – der Weise, der im Besitz der zehn Kräfte ist. Er, der Vornehmste unter den Menschen und Göttern, weilt hier ganz in der Nähe in einem Kloster – gehe hin und frage ihn.«

Der Mann hat recht, sagte sie zu sich und begab sich mit ihrem Sohn im Arm zu dem Kloster. Dort stellte sie sich in den äußeren Kreis der Gemeinde, die sich um den sitzenden Buddha versammelt hatte, und sagte: »O Erhabener, gib mir Medizin für meinen Sohn.«

Der Lehrer von Göttern und Menschen, der sah, daß sie zur Umkehr bereit war, antwortete: »Es ist gut, Gotami, daß du wegen der Medizin hierher gekommen bist. Gehe in die Stadt zurück, klopfe überall an und bringe mir Senfsamen von der Familie, in der noch niemals jemand gestorben ist.«

»Das werde ich tun, Erhabener«, sagte sie. Fröhlichen Herzens ging sie in die Stadt zurück und sagte an der Tür des allerersten Hauses: »Der Weise der zehn Kräfte bittet mich, Senfsamen als Medizin für meinen Sohn zu holen. Habt ihr welchen?«

»Ach ja, Gotami«, antworteten sie und brachten ihr eine Handvoll davon.

»Den Samen darf ich aber nur annehmen, falls in dieser Familie noch niemand gestorben ist!«

»Was sagst du da, Gotami! Gestorben sind hier schon unzählig viele!«

»Nun, dann tut es mir leid. Dieser Same nützt mir nichts. Der Weise der zehn Kräfte hat mir ausdrücklich aufgetragen, nur Senfsamen von der Familie zu bringen, in der noch niemals jemand gestorben ist.«

Genauso erging es ihr bei der zweiten Familie und bei der dritten. Da dachte sie: Dies muß wohl in der ganzen Stadt so sein! Der Buddha, dem das Wohl der Menschen so sehr am Herzen liegt, muß dies gewußt haben! Von Rührung überwältigt, verließ sie die Stadt und brachte ihren Sohn zur Verbrennungsstätte. Dort sagte sie, während sie ihn noch in den Armen hielt: »Lieber kleiner Sohn, ich dachte, nur dich hätte diese Sache ereilt, die die Menschen Tod nennen. Aber du bist nicht der einzige, den der Tod überrascht hat. Dies ist ein Gesetz, dem alle Menschen unterworfen sind.« Mit diesen Worten legte sie ihren Sohn auf der Verbrennungsstätte nieder. Dann äußerte sie folgenden Spruch:

Dieses Gesetz stammt aus keinem Dorf, aus
  keiner Stadt, aus keiner Familie –
es gilt überall auf Erden und auch unter den
  Göttern.
Kein Ding bleibt davon ausgenommen, alles ist
  vergänglich.

Buddhistische Parabeln

27
Dies ist nicht mein Selbst

Alles Gewordene ist vergänglich; alle Erscheinungen sind leidhaft; alle Dinge sind wesenlos.

Deshalb sollte man den ganzen Daseinsbereich, jede Gestalt, jedes Gefühl, jede Wahrnehmung, jede Geistregung und jeden Bewußtseinszustand, ob vergangen, gegenwärtig oder zukünftig, zu einem selbst gehörig oder von außen kommend, grob oder fein, erhaben oder niedrig, weit entfernt oder nah, wahrheitsgemäß betrachten und erkennen: »Dies gehört mir nicht; dies bin ich nicht; dies ist nicht mein Selbst.«

Anguttara Nikaya [B]
und *Samyutta Nikaya* [D]

28
Die Sonnen- und die Schattenseite

Es ist so, Ananda, wer nur auf die Sonnenseite des Lebens sieht, in dem entsteht Verlangen; Verlangen bedingt Anhaften; Anhaften bedingt den Prozeß des Werdens; der Prozeß des Werdens bedingt Wiedergeburt; Wiedergeburt bedingt Alter und Tod, Leid, Kummer, Schmerz, Elend und Verzweiflung. Folglich dreht sich das Leidensrad immer weiter.

Aber in demjenigen, Ananda, der sich auf die Schattenseite des Lebens besinnt, erlischt das Verlangen; wenn das Verlangen erlischt, hört das Anhaften auf; wenn das Anhaften aufhört, hört der Prozeß des Werdens auf; wenn der Prozeß des Werdens aufhört, hört die Wiedergeburt auf; wenn die Wiedergeburt aufhört, hören Alter und Tod, Leid, Kummer, Schmerz, Elend und Verzweiflung auf. Folglich bleibt das Leidensrad stehen.

Stelle dir einmal vor, Ananda, ein Mann wäre mit einer Axt und einem Korb zu einem großen Baum geschickt worden, damit er ihn fälle. Außerdem sollte er nach dem Fällen des Baumes einen Graben um den Stumpf graben und alle

Wurzeln herausziehen, mitsamt allen Würzelchen und Fasern; dann sollte er den Baum in Klötze zerteilen, die Klötze zu Scheiten spalten und die Scheite zu Spänen zerkleinern. Schließlich müßte er die Späne in Sonne und Wind trocknen, sie verbrennen, die Asche aufsammeln und diese in den Wind oder in einen Fluß streuen.

Sicher würde dieser große Baum, der so gefällt und mit Stumpf und Stiel zerkleinert, verbrannt und als Asche verstreut wurde, nicht mehr in der Lage sein, weiterzuwachsen und Frucht zu tragen.

Genauso, Ananda, verschwindet in demjenigen, der sich auf die Schattenseite des Lebens besinnt, die ganze Ansammlung des Leidens.

Samyutta Nikaya [E]

29
Das Sutra von der Ganzheit

Mönche, ich werde euch über die Ganzheit des Lebens unterrichten. Hört her, paßt jetzt genau auf, und ich werde sprechen.

Was, Mönche, ist Ganzheit? Sie ist einfach das Auge zusammen mit allem Sichtbaren, das Ohr zusammen mit allem Hörbaren, die Nase zusammen mit allem Riechbaren, die Zunge zusammen mit allem Schmeckbaren, der Körper zusammen mit allem Fühlbaren und der Verstand zusammen mit allem Erkennbaren. Dies, Mönche, heißt Ganzheit.

Sollte nun irgend jemand behaupten: »Ich spreche von einer ganz anderen Ganzheit als von der obengenannten«, wären dies leere Worte, und wenn derjenige genau befragt würde, könnte er keine Antwort geben. Warum ist das so? Weil er über etwas spricht, das außerhalb des Wißbaren liegt.

Samyutta Nikaya (nach G. Fronsdal)

30
Die Feuerpredigt

Und der Erhabene ging zusammen mit tausend Mönchen weiter nach Gayasisa in der Nähe von Gaya.

Dort sprach der Erhabene folgendes zu den Mönchen: »Alles, o Mönche, wird von Feuer verzehrt. Und was, o Mönche, ist damit gemeint?

Das Auge, o Mönche, wird von Feuer verzehrt; die sichtbaren Dinge werden von Feuer verzehrt; die Vorstellungen, die auf Gesehenem beruhen, werden von Feuer verzehrt; die Wahrnehmungen, die durch den Kontakt des Auges mit sichtbaren Dingen zustande kommen, seien sie angenehm oder unangenehm oder keines von beidem, werden von Feuer verzehrt. Welches Feuer verzehrt dies alles? Ich sage euch, es ist das Feuer der Gier, das Feuer des Hasses, das Feuer der Unwissenheit; alles brennt durch Geburtsängste, Verfallsängste, Todesängste, Angst vor Elend, Kummer, Leid, Trübsinn und Verzweiflung.

Das Ohr wird von Feuer verzehrt, Klänge werden von Feuer verzehrt … Die Nase wird von Feuer verzehrt, Gerüche werden von Feuer verzehrt … Die Zunge wird von Feuer verzehrt, Geschmäcke werden von Feuer verzehrt … Der Körper wird von Feuer verzehrt, Fühlbares wird von Feuer verzehrt … Der Geist wird von Feuer verzehrt, Gedanken werden von Feuer verzehrt, alles wird vom Feuer der Gier, des Hasses und der Unwissenheit verzehrt.

Dies bedenkend, o Mönche, wird ein Jünger, der dem Edlen Pfad folgt, des Auges überdrüssig, des Sichtbaren überdrüssig, der Vorstellungen, die auf Gesehenem beruhen, überdrüssig, der Wahrnehmungen überdrüssig, die durch den Kontakt des Auges mit sichtbaren Dingen zustande kommen, seien sie angenehm oder unangenehm oder keines von beidem. Er wird des Ohrs überdrüssig und so weiter bis hin zu den Gedanken. Und da er all dessen überdrüssig wird, hört er auf, davon Besitz zu ergreifen; durch das Ablegen der Habgier wird er frei; wenn er frei ist, wird er sich bewußt, daß er frei ist; und er erkennt, daß die Wiedergeburt überwunden ist und es keine weitere Rückkehr in diese Welt gibt.«

Als diese Predigt gehalten wurde, wurde der Geist jener tausend Mönche frei vom weltlichen Anhaften, und ihre Verstrickung hatte ein Ende.

Nach dem *Mahavagga*

___

31
Bändige deine Sinne

Bändige deine Sinne:
Schmecken, Riechen,
Sehen, Hören, Fühlen.

Sei Meister in allem,
was du tust, sagst und denkst.
Sei frei.

Bist du ausgeglichen?
Bring deinen Körper zur Ruhe
und deinen Geist.

Sorge für dein Erwachen,
gib auf dich acht,
und freue dich des Lebens.
Bleibe der Wahrheit des Weges treu.
Denke über sie nach.
Verwirkliche sie, lebe sie.
Sie wird dich immer erhalten.

Dhammapada [A]

32
Fragen des Königs Milinda

Der König sprach: »Gibt es denn, ehrwürdiger Nagasena, irgendein Merkmal oder eine Eigenschaft des Nirvana, die sich auch in anderen Dingen findet, irgend etwas, das sich wenigstens durch ein Gleichnis andeuten ließe?«

Nagasena erwiderte: »Das Nirvana, o König, teilt eine Eigenschaft mit dem Lotos, zwei Eigenschaften mit dem Wasser, drei mit einer Arznei, zehn mit dem Raum, drei mit dem Wunschjuwel und fünf mit einem Berggipfel. Genauso wie vom Lotos Wasser abperlt, nimmt auch das Nirvana keinen Schmutz an. Genauso wie kühles Wasser fiebrige Hitze lindert, ist auch das Nirvana kühl und lindert das Fieber aller Leidenschaften. Und genauso wie Wasser den Durst von Mensch und Tier stillt, wenn sie völlig ausgelaugt und überhitzt nur noch nach Flüssigkeit lechzen, löscht auch das Nirvana die Sehnsucht nach sinnlichen Genüssen, die Sehnsucht nach weiterem Werden, die Sehnsucht nach dem Ende des Werdens.

Genauso, o König, wie eine Arznei vor den Qualen des Dahinsiechens bewahrt, schützt auch das Nirvana vor den Qualen krankhafter

Leidenschaften. Und so wie eine Arznei eine Krankheit beendet, setzt auch das Nirvana allem Leiden ein Ende. Schließlich bieten sowohl das Nirvana als auch eine Arznei Sicherheit.

Und dies, o König, sind die zehn Eigenschaften, die das Nirvana mit dem Raum gemeinsam hat: Beide sind weder geboren noch altern sie, noch sterben sie, noch vergehen sie, noch werden sie wiedergeboren; beide sind unbesiegbar, können nicht gestohlen werden, brauchen keine Stütze, sind Reisewege für Vögel und Erwachte, sind unversperrt und grenzenlos.

Wie der Wunschjuwel umfaßt das Nirvana alles, was man sich nur wünschen kann, bringt es Freude und spendet es Licht. Und schließlich: Wie ein Berggipfel vollkommen erhaben ist, ist auch das Nirvana von vollkommener Erhabenheit. Wie ein Berggipfel unerschütterlich ist, so ist es auch das Nirvana. Wie ein Berggipfel unerreichbar ist, so ist auch das Nirvana für alle Leidenschaften unerreichbar. Wie auf einem Berggipfel keine Samen aufgehen können, so können auch im Nirvana keine Samen der Leidenschaft aufgehen. Und wie kein Berggipfel sich hin- und herneigt, so ist auch das Nirvana frei von Zuneigung und Abneigung.«

Milindapanha

33

Nimm dich selbst in Liebe an

Nimm dich selbst in Liebe an
und sei wachsam –
heute, morgen, immer.

Finde zuerst den Weg,
dann belehre andere
und besiege so das Leid.

Bevor du andere geradebiegst,
mußt du zuerst etwas viel Schwierigeres
   vollbringen –
dich selbst geradebiegen.

Du bist dein eigener Herr.
Wer sonst?
Bezwinge dich selbst,
und erkenne den Meister in dir.

Nach dem *Dhammapada* [A]

34
Pflügen und Säen

Einst, zur Zeit der Aussaat, wurden die fünf-
hundert Pflüge des Brahmanen Kasibharad-
vaja aufs Feld hinausgebracht. Am nächsten Morgen zog der Buddha sein Gewand an, nahm seine
Schale und ging zu dem Feld, wo Kasibharadvajas
Pflüge im Einsatz waren. Als er dort ankam, war
gerade Mittagszeit, und der Brahmane überwach-
te die Verteilung des Essens. Da stellte sich der
Buddha mit seiner Schale in der Hand neben ihn
hin und wartete. Als der Brahmane sah, daß der
Buddha um Almosen bat, sprach er zu ihm: »O
Einsiedler, das Pflügen und Säen kommt für mich
vor dem Essen; auch du, Einsiedler, solltest zunächst pflügen und säen und dann erst essen.«

»Auch ich, o Brahmane, pflüge und säe, und
habe ich gepflügt und gesät, dann esse ich.«

»Wie wir sehen, hat der Ehrenwerte Gotama
weder ein Joch noch einen Pflug, noch eine
Pflugschar, noch einen Stachelstock, noch Ochsen bei sich, und trotzdem behauptest du: ›Auch
ich pflüge und säe, und habe ich gepflügt und gesät, dann esse ich.‹« Darauf richtete Kasibha-
radvaja folgenden Spruch an den Buddha:

»Du behauptest ein Bauer zu sein, doch wir sehen dich nicht pflügen. Da wir wissen wollen, wie du pflügst, beschreibe es uns in verständlicher Form.«

Darauf sagte der Buddha:

»Vertrauen ist der Same; Askese der Regen; Weisheit ist mein Joch und Pflug; Bescheidenheit die Deichsel; der Geist ist das Seil; Achtsamkeit ist meine Pflugschar und mein Stachelstock.

Durch wohlbedachtes Handeln, überlegtes Reden, Mäßigkeit beim Essen nutze ich die Wahrheit zum Unkrautjäten und den inneren Frieden zur Lösung des Jochs.

Übung ist mein angeschirrtes Ochsenpaar, das mich zum Nirvana bringt. Es bleibt nie stehen; und ist man angekommen, gibt es keine Reue.

Dieses Pflügen meine ich; es trägt die Frucht der Unsterblichkeit. Wer so pflügt, wird von allem Leiden erlöst.«

Sutta Nipata [A]

35
Atme in tiefen Zügen

Atme in tiefen Zügen.
Lebe in Heiterkeit und Freude.
Wer klug ist, erfreut sich der Wahrheit
und folgt dem Gesetz des Erwachten.

Der Bauer leitet Wasser auf sein Land,
der Pfeilebauer schnitzt seine Pfeile,
und der Tischler dreht sein Holz.
Genauso zügelt der Weise seinen Geist.

Nach dem *Dhammapada* [A]

36
Der Pfad der Achtsamkeit

O Mönche«, sagte der Buddha, »es gibt für den Menschen eine wunderbar hilfreiche Methode, sich zu reinigen, Kummer und Leid zu überwinden, Sorgen und Ängste loszuwerden, den richtigen Weg zu gehen und das Nirvana zu verwirklichen. Es ist die Methode der Vier Erweckungen der Achtsamkeit.

Was sind die Vier Erweckungen?

Ihr Mönche, bei der Meditation kommt es darauf an, den Körper aus sich selbst heraus zu betrachten, unvoreingenommen, klar bei Verstand, achtsam und frei von jedweder weltlichen Lust oder Unlust.

Es kommt darauf an, das Gemüt aus sich selbst heraus zu betrachten, unvoreingenommen, klar bei Verstand, achtsam und frei von jedweder weltlichen Lust oder Unlust.

Es kommt darauf an, den Geist aus sich selbst heraus zu betrachten, unvoreingenommen, nüchtern, achtsam und frei von jedweder weltlichen Lust oder Unlust.

Es kommt darauf an, die Geistobjekte aus sich selbst heraus zu betrachten, unvoreingenommen, nüchtern, achtsam und frei von jedweder weltlichen Lust oder Unlust.

Und wie betrachtet man den Körper aus sich selbst heraus?

Indem man sich hinaus in die Natur, unter einen Baum oder in ein leeres Zimmer setzt, Beine über Kreuz in der Lotosstellung, Rücken gerade, und in sich selbst hineinhört. Beim Einatmen achtet man auf das Einatmen und beim Ausatmen auf das Ausatmen. Dann atmet man lange ein und achtet auf das lange Einatmen und atmet lange aus und achtet auf das lange Ausatmen. Weiter atmet man kurz ein und achtet auf das kurze Einatmen und atmet kurz aus und achtet auf das kurze Ausatmen.

Dann geht man über zu folgender Übung: Beim Einatmen hört man hinein in seinen ganzen Körper. Beim Ausatmen hört man hinein in seinen ganzen Körper. Und dann: Beim Einatmen läßt man los und entspannt sich körperlich. Beim Ausatmen läßt man los und entspannt sich körperlich.

Außerdem achtet der Übende im Gehen auf das Gehen, im Stehen auf das Stehen, im Sitzen auf das Sitzen, im Liegen auf das Liegen. Ganz gleich welche Körperhaltung man gerade einnimmt, man macht sich diese Körperhaltung bewußt.

Geht man vorwärts oder rückwärts, macht man sich sein Vorwärts- oder Rückwärtsgehen bewußt. Genauso achtet man beim Nachvorne-schauen oder Sichumdrehen, Sichbücken oder Sichaufrichten genau auf das, was man tut. Man macht sich bewußt, daß man ein Gewand anhat oder daß man eine Almosenschale trägt. Wenn man ißt oder trinkt, kaut oder schmeckt, dann richtet man seine ganze Aufmerksamkeit darauf. Wenn man Kot oder Urin ausscheidet, dann richtet man seine ganze Aufmerksamkeit darauf. Ganz gleich ob man geht, steht, liegt, sitzt, schläft oder wach ist, spricht oder schweigt, man widmet all dem seine ganze Aufmerksamkeit.

Ihr Mönche, wie beobachtet man das Gemüt aus sich selbst heraus?

Man hört in jedes angenehme Gefühl hinein und macht sich bewußt: ›Meine Empfindung ist angenehm.‹ Man hört in jedes unangenehme Gefühl hinein und macht sich bewußt: ›Meine Empfindung ist unangenehm.‹ Man hört in jedes neutrale Gefühl hinein und macht sich bewußt: ›Meine Empfindung ist neutral.‹ Ist die Empfindung körperlicher Art, macht man sich bewußt, daß man körperlich fühlt. Ist das Empfinden seelischer Art, macht man sich bewußt, daß man seelisch fühlt.

Mönche, wie beobachtet man den Geist aus sich selbst heraus?

Dies geschieht, indem man sich jeweils den Geisteszustand bewußtmacht, in dem man sich befindet. Begehrt man etwas, macht man sich den Zustand des Begehrens bewußt. Begehrt man nichts, macht man sich den Zustand des Nichtbegehrens bewußt. Haßt man etwas, macht man sich den Zustand des Hassens bewußt. Haßt man nichts, macht man sich den Zustand des Nichthassens bewußt. Ist man unwissend, macht man sich den Zustand der Unwissenheit bewußt. Ist man wissend, macht man sich den Zustand des Wissens bewußt. Ist man geistig angespannt, macht man sich den Zustand der Anspannung bewußt. Ist man geistig nicht angespannt, macht man sich den Zustand der Nichtanspannung bewußt. Ist man zerstreut, macht man sich den Zustand des Zerstreutseins bewußt. Ist man konzentriert, macht man sich den Zustand der Konzentration bewußt. Ist man weitblickend, macht man sich den Zustand des Weitblicks bewußt. Ist man engstirnig, macht man sich den Zustand der Engstirnigkeit bewußt.

Ist man geistig ruhevoll, macht man sich den Zustand der Ruhe bewußt. Ist man geistig unruhig, macht man sich den Zustand der Unruhe bewußt. Ist man geistig frei, macht man sich den Zustand der Freiheit bewußt. Ist man geistig unfrei, macht man sich den Zustand der Unfreiheit bewußt.

Wie, ihr Mönche, bleibt sich der Übende der Geistobjekte, nämlich der Vier Edlen Wahrheiten, bewußt?

Ein Übender macht sich angesichts des Leidens stets bewußt: ›Das ist Leiden.‹ Er macht sich angesichts der Entstehung des Leidens bewußt: ›Das ist die Entstehung des Leidens.‹ Angesichts der Aufhebung des Leidens macht er sich bewußt: ›Das ist die Aufhebung des Leidens.‹ Angesichts des Wegs, der zur Aufhebung des Leidens führt, macht er sich bewußt: ›Das ist der Weg, der zur Aufhebung des Leidens führt.‹

Ihr Mönche, wer sich sieben Jahre lang in den Vier Erweckungen der Achtsamkeit übt, der darf auf eine von zwei Früchten hoffen – auf die höchste Einsicht noch in diesem Leben, oder er kann, wenn ein Leidensrest zurückbleibt, die Frucht der Befreiung von der Wiedergeburt erlangen.

Aber was rede ich von sieben Jahren, Mönche, wer auch immer sich sechs, fünf, vier, drei oder zwei Jahre oder ein Jahr oder einen Monat in den Vier Erweckungen der Achtsamkeit übt, auch der darf auf eine von zwei Früchten hoffen – auf die höchste Einsicht noch in diesem Leben, oder er kann die Frucht der Befreiung von der Wiedergeburt erlangen.

Aber was rede ich von einem Monat, Mönche, wer auch immer sich eine Woche in den Vier Erweckungen der Achtsamkeit übt, auch der darf auf eine von zwei Früchten hoffen – auf die höchste Einsicht noch in diesem Leben oder die Frucht der Befreiung von der Wiedergeburt.«

Die Mönche waren von der Lehre des Buddha begeistert. Sie nahmen sie sich zu Herzen und begannen sie in die Tat umzusetzen.

Nach dem *Satipatthana-Sutta* [A]

37
Das Licht des Geistes

Wer immer sich auf die Suche macht,
wird der Welt zum Licht,
ganz gleich wie unwissend er noch ist.

Doch der Erwachte verbreitet
Tag und Nacht das Licht des Geistes.

Meditiere. Führe ein einfaches Leben.
Sei gelassen. Verrichte gekonnt deine Arbeit.

Tritt wie der Mond
hinter den Wolken hervor und leuchte!

Dhammapada [A]

38
Das Ende allen Übels

Darin also mußt du dich üben, Bahiya: Im Gesehenen halte dich nur an das Gesehene, im Gehörten nur an das Gehörte, im Gefühlten nur an das Gefühlte, im Vorgestellten nur an das Vorgestellte. Folglich wird es für dich kein »Dadurch« geben. Das ist die Art, wie du dich üben mußt. Wenn also das Gesehene einfach das Gesehene, das Gehörte einfach das Gehörte, das Vorgestellte einfach das Vorgestellte, das Erkannte einfach das Erkannte ist, dann, Bahiya, wird es, da es kein »Dadurch« gibt, auch kein »Darin« geben. Ohne das »Darin« aber wird es weder ein »Hier« noch ein »Dort«, noch ein »Dazwischen« geben. Das ist das Ende allen Übels.

Nach dem *Udana*

39
Das Sutra über das bewußte Atmen

Als der Vollmondtag gekommen war, nahm der Buddha im Freien Platz, betrachtete die um ihn Versammelten und sagte:

»Ihr Jünger, wenn man bewußt atmet und sich in dieser Technik beständig übt, ist dies sehr lohnend und vorteilhaft. Es führt zur Aktivierung der Sieben Faktoren des Erwachens. Durch die schrittweise Aktivierung der Sieben Faktoren des Erwachens kommt es zur Erkenntnis und Befreiung des Geistes.

Wie läßt sich bewußtes Atmen erlernen, so daß man daraus den größten Nutzen zieht?

Es läßt sich so erlernen: Man sucht einen Wald, einen einzelnstehenden Baum oder irgendeinen anderen ruhigen Ort auf, setzt sich im Lotossitz hin, hält den Körper aufrecht und meditiert. Beim Einatmen ist man sich des Einatmens bewußt, und beim Ausatmen ist man sich des Ausatmens bewußt.

Man atmet tief ein und macht sich bewußt: ›Ich atme tief ein‹, man atmet tief aus und macht sich bewußt: ›Ich atme tief aus.‹

Man atmet kurz ein und macht sich bewußt:

›Ich atme kurz ein‹, man atmet kurz aus und macht sich bewußt: ›Ich atme kurz aus.‹

›Ich atme ein und achte auf meinen ganzen Körper. Ich atme aus und achte auf meinen ganzen Körper.‹ So wird geübt.

›Ich atme ein und spüre Ruhe und Frieden in meinem ganzen Körper. Ich atme aus und spüre Ruhe und Frieden in meinem ganzen Körper.‹ So wird geübt.

›Ich atme ein und empfinde Freude. Ich atme aus und empfinde Freude.‹ So wird geübt.

›Ich atme ein und bin glücklich. Ich atme aus und bin glücklich.‹ So wird geübt.

›Ich atme ein und bin mir meiner Gedanken bewußt. Ich atme aus und bin mir meiner Gedanken bewußt.‹ So wird geübt.

›Ich atme ein und bringe meine Gedanken zur Ruhe. Ich atme aus und bringe meine Gedanken zur Ruhe.‹ So wird geübt.

›Ich atme ein und bin mir meines Geistes bewußt. Ich atme aus und bin mir meines Geistes bewußt.‹ So wird geübt.

›Ich atme ein und stimme meinen Geist heiter. Ich atme aus und stimme meinen Geist heiter.‹ So wird geübt.

›Ich atme ein und konzentriere meinen Geist. Ich atme aus und konzentriere meinen Geist.‹ So wird geübt.

›Ich atme ein und befreie meinen Geist. Ich atme aus und befreie meinen Geist.‹ So wird geübt.

›Ich atme ein und mache mir die Veränderlichkeit aller Ideen bewußt. Ich atme aus und mache mir die Veränderlichkeit aller Ideen bewußt.‹ So wird geübt.

›Ich atme ein und mache mir das Verschwinden aller Ideen bewußt. Ich atme aus und mache mir das Verschwinden aller Ideen bewußt.‹ So wird geübt.

›Ich atme ein und versenke mich in das Schauen der Befreiung. Ich atme aus und versenke mich in das Schauen der Befreiung.‹ So wird geübt.

›Ich atme ein und versenke mich in das Schauen der Gelassenheit. Ich atme aus und versenke mich in das Schauen der Gelassenheit.‹ So wird geübt.

Das beständige Üben des bewußten Atmens, wie ich es eben gelehrt habe, ist sehr lohnend und vorteilhaft.«

Nach dem *Satipatthana-Sutta* [B]

40
Das zügellose und das gebändigte Herz

Freunde, nichts ist unvernünftiger als ein zügelloses Herz. In der Tat, das zügellose Herz ist unvernünftig.

Freunde, nichts ist vernünftiger als ein gebändigtes Herz. In der Tat, das gebändigte Herz ist vernünftig.

Freunde, nichts bringt mehr Verderben als ein zügelloses Herz. In der Tat, das zügellose Herz bringt Verderben.

Freunde, nichts fördert die Entwicklung mehr als ein gebändigtes Herz. In der Tat, das gebändigte Herz fördert die Entwicklung.

Freunde, nichts verursacht mehr Leid als ein zügelloses, unbeherrschtes, unbewachtes und maßloses Herz. Solch ein Herz verursacht Leid.

Freunde, nichts macht mehr Freude als ein gebändigtes, beherrschtes, bewachtes und maßvolles Herz. Solch ein Herz macht Freude.

Anguttara Nikaya (nach G. Fronsdal)

41
Das Gleichnis von der Laute

Einmal weilte der Erhabene in der Nähe von Rajagaha auf dem Geierberg. Zu jener Zeit dachte der ehrwürdige Sona, der sich ganz alleine in den tiefen Wald zurückgezogen hatte, bei sich:

»Ich bin einer der eifrigsten Jünger des Erhabenen. Trotzdem habe ich noch keine geistige Befreiung gefunden.«

Als nun der Erhabene diese Gedanken des ehrwürdigen Sona erkannte, verließ er den Geierberg und erschien im tiefen Wald vor dem ehrwürdigen Sona so schnell, wie ein starker Mann gerade seinen gestreckten Arm hätte beugen oder seinen gebeugten Arm hätte strecken können. Und er sagte zu dem ehrwürdigen Sona:

»Sona, dachtest du nicht bei dir: ›Ich bin einer der eifrigsten Jünger des Erhabenen. Trotzdem habe ich noch keine geistige Befreiung gefunden‹?«

»Ja, Herr.«

»Sag einmal, Sona, hast du nicht früher einmal Laute gespielt?«

»Ja, Herr.«

»Und, klang deine Laute gut, und ließ sie sich leicht spielen, Sona, wenn die Saiten zu straff gespannt waren?«

»O nein, Herr.«

»Und, klang deine Laute gut, und ließ sie sich leicht spielen, wenn die Saiten zu schlaff waren?«

»O nein, Herr, keineswegs.«

»Wenn sie aber richtig gestimmt war, Sona, und die Saiten weder zu straff noch zu schlaff waren, hatte dann deine Laute nicht einen wunderbaren Klang und war sie nicht leicht zu spielen?«

»O ja, Herr, gewiß.«

»Ähnlich, Sona, führt zuviel Anspannung der Willenskraft zu Ruhelosigkeit und zuwenig Anspannung zu Trägheit. Deshalb halte deine Kräfte im Gleichgewicht, sorge für ein Ebenmaß deiner Fähigkeiten und strebe so nach deinem Ziel.«

»Ja, o Herr«, antwortete der ehrwürdige Sona demütig.

Von da an bemühte er sich darum, seine Kräfte im Gleichgewicht zu halten, und sorgte für ein Ebenmaß seiner Fähigkeiten. Und der ehrwürdige Sona, der unermüdlich, inbrünstig und entschlossen, allein und zurückgezogen lebte, erlangte alsbald durch unmittelbare eigene Erfahrung das unvergleichliche Ziel des tugendhaften Lebens.

Nach dem *Anguttara Nikaya* [A]

42
Der König des Todes

Diesen Weisen, der weiß, was gut ist, habe ich demütig gefragt: »Wie soll man die Welt betrachten, um nicht vom König des Todes gesehen zu werden?«

»Betrachte die Welt als Leere, o Mogharagan«, sagte der Buddha, »indem du ständig wachsam bist; wenn man den Glauben an ein wirklich existierendes Ich zerstört, kann man den Tod überwinden; der König des Todes wird den Menschen nicht mehr sehen, der so die Welt betrachtet.«

Nach dem *Sutta Nipata* [B]

43

Die Überwindung der fünf Hindernisse

Mit dieser edlen Gesinnung, dieser edlen Selbstbeherrschung, dieser edlen Achtsamkeit, Verstandesklarheit und Zufriedenheit zieht sich der Mönch in die Abgeschiedenheit zurück, nimmt Platz, verschränkt seine Beine, hält seinen Körper gerade und beginnt mit dem ruhigen Verweilen.

Da er der Weltgier abgeschworen hat, verweilt er ohne sich mit weltlichen Dingen zu beschäftigen und reinigt seinen Geist von Habgier. Da er der Böswilligkeit und dem Haß abgeschworen hat, verweilt er in wohlwollender Absicht; bedacht auf das Wohl aller Lebewesen reinigt er seinen Geist von Böswilligkeit und Haß. Da er der Dumpfheit und Trägheit abgeschworen hat, verweilt er im Lichte der Erkenntnis; hellwach und klar bei Sinnen, reinigt er seinen Geist von Dumpfheit und Trägheit. Da er der Unruhe und dem Ärger abgeschworen hat, verweilt er in Ruhe und Gelassenheit und reinigt seinen Geist von Unruhe und Ärger. Da er dem Zweifel abgeschworen hat, verweilt er im Nicht-Zweifel; ohne durch heilsame Einblicke aus der

Fassung zu geraten, reinigt er seinen Geist von Zweifel.

Stelle dir vor, jemand würde von einer schweren Krankheit befallen, die ihn so mitnimmt, daß ihm nichts mehr schmeckt und seine Kräfte schwinden. Nach einiger Zeit würde er sich von dieser Krankheit erholen, wieder mit Appetit essen und zu Kräften kommen. Da er alles durchgestanden hat, würde er sich freuen und großes Glück empfinden.

Ferner stell dir vor, jemand wäre ein Sklave, der niemals hingehen könnte, wohin er wollte, weil er völlig rechtlos ist und anderen ständig zu Diensten sein muß. Nach einer Weile würde er aus seiner Sklaverei befreit werden und ein freier Mann sein; er bräuchte niemandem mehr zu gehorchen und dienstbar zu sein und könnte hingehen, wohin er wollte. Angesichts dieser Tatsache würde er sich freuen und großes Glück empfinden.

Ferner stell dir einen reichen Kaufmann vor, der mit seinen Waren in der Wüste unterwegs ist. Er hätte kaum zu essen, und es würden viele Gefahren auf ihn lauern. Nach einiger Zeit hätte er die Wüste durchquert und käme wohlbehalten in einem Dorf an, das völlige Sicherheit bietet. Angesichts dieser Tatsache würde er sich freuen und großes Glück empfinden.

———

Wenn also einer erkennt, daß er die fünf Hindernisse in sich überwunden hat, betrachtet er das ebenso als Befreitsein von Schuld, als Genesung, als Entlassung aus dem Gefängnis, als Befreiung von der Sklaverei, als sicheren Aufenthaltsort.

Digha Nikaya [B]

44
Nonnenlieder

Freie Frau,
sei frei wie der Mond,
von dem sich der Schatten
der Erde löst.
Aufgeschlossen, unverpflichtet
erfreue dich deiner Talente.

Werde deine Neigung los,
dich über, unter oder neben
andere zu stellen.
Eine Nonne,
geistesgegenwärtig und ehrlich,
wird den Frieden finden,
der erfüllt, ohne Überdruß zu bereiten.

Sei voll guter Dinge
wie der Mond am fünfzehnten Tag.
Von Weisheit vollkommen gesättigt,
zerreiße die große Dunkelheit.

Als Nonne,
diszipliniert und selbstbeherrscht,
übte ich Achtsamkeit

und fand wie ein Pfeil zum Frieden.
Der Aufruhr der Elemente legte sich
in mir. Frohsinn entstand.

Die Jagd nach dem Vergnügen
ist eingestellt,
die Finsternis besiegt.
Ja, Tod, auch du bist überwunden.

Theri-Gatha

45
Befreiung ist dein größtes Glück

Nichts ist verzehrender als das Feuer der
Gier,
nichts verbrecherischer als Haß,
nichts schmerzhafter als Trennung,
nichts kränker als ein fieberndes Herz,
und nichts ist beglückender als die Freude der
Befreiung.

Gesundheit, Zufriedenheit und Vertrauen
sind deine größten Schätze,
Befreiung ist dein größtes Glück.

Nach dem *Dhammapada* [A]

46
Der Akrobat und sein Lehrling

Einmal weilte der Erhabene im Land der Sumbhas in einer Stadt namens Sedaka. Dort sprach der Erhabene zu den Mönchen:

»Ihr Mönche, ein Akrobat kletterte einmal seine Bambusstange hinauf und rief seinen Lehrling, Medakathalika, herbei: ›Komm, mein Junge, klettere zu mir hoch und stell dich auf meine Schultern!‹

›Ja, Meister‹, antwortete der Lehrling. Und er kletterte die Stange hinauf und stellte sich auf die Schultern seines Meisters. Darauf, ihr Mönche, sagte der Akrobat zu seinem Lehrling: ›Jetzt, Medakathalika, mein Junge, paßt du gut auf mich auf, und ich werde gut auf dich aufpassen. Während wir uns so gegenseitig absichern und aufeinander achtgeben, werden wir unsere Kunststücke zeigen, reichlich Spenden erhalten und von der Bambusstange wieder heil herunterkommen.‹

Als er das hörte, sprach der Lehrling zum Akrobaten: ›Nein, nein! Das wird nicht gehen, Meister! Gib auf dich acht, Meister, und ich werde auf mich achtgeben. Während so jeder auf sich achtgibt und sich absichert, werden wir unsere Kunststücke zeigen, reichlich Spenden erhalten und von der Bambusstange wieder heil herunterkommen.‹

Dazwischen liegt der richtige Weg«, sagte der Erhabene. »Genauso wie der Lehrling zu seinem Meister gesagt hat: ›Ich werde auf mich achtgeben‹, so, ihr Mönche, sollten die Grundlagen der Achtsamkeit geübt werden. ›Ich werde auf andere achtgeben‹: Auch so sollten die Grundlagen der Achtsamkeit geübt werden. Während man auf sich selbst achtgibt, ihr Mönche, achtet man auf andere; während man auf andere achtgibt, achtet man auf sich selbst.

Und wie, ihr Mönche, achtet man auf andere, während man auf sich selbst achtgibt? Durch beständiges Üben, Entwickeln und Anwenden der Grundlagen der Achtsamkeit. So, ihr Mönche, achtet man auf andere, während man auf sich selbst achtgibt.

Und wie, ihr Mönche, achtet man auf sich selbst, während man auf andere achtgibt? Durch Geduld, durch Milde, durch Güte, durch Mitgefühl. So, ihr Mönche, achtet man auf sich selbst, während man auf andere achtgibt.

›Ich werde auf mich selbst achtgeben‹: Mit dieser Absicht, Mönche, sollten die Grundlagen der Achtsamkeit geübt werden. ›Ich werde auf andere achtgeben‹: Mit dieser Absicht sollten die Grundlagen der Achtsamkeit geübt werden. Beim Auf-sich-selbst-Achtgeben achtet man auf andere; beim Auf-andere-Achtgeben achtet man auf sich selbst.«

Nach dem *Samyutta Nikaya* [A]

47
Das Gleichnis vom Floß

Mönche, ich will euch das Gleichnis vom Floß erzählen – das zum Hinüberfahren da ist und nicht zum Festhalten. Stellt euch vor, ein Wanderer erreicht einen großen Fluß, dessen näher gelegenes Ufer voller Gefahren ist, dessen anderes Ufer aber sicher und geschützt ist. Es ist aber weder ein Boot noch eine Brücke da, um hinüberzukommen. Während er überlegt, wie er wohl von der gefährlichen zu der ungefährlichen Seite hinübergelangen könnte, kommt ihm die Idee, aus Stöcken und Zweigen ein Floß zu bauen, das ihn in Sicherheit bringt. Als er schließlich so das andere Ufer erreicht hat, sieht er sich das Floß an und überlegt, ob er es nicht auf dem Kopf oder den Schultern mitnehmen sollte, da es so nützlich gewesen ist. Was glaubt ihr, Mönche, ob dieser Mann wohl das Richtige tut?«

»Nein, Herr.«

»Und was sollte er denn tun, ihr Mönche? Er muß ohne das Floß weiterwandern, nachdem er übergesetzt hat. Mönche, ein Mann, der so handelt, macht mit dem Floß genau das Richtige.

Genauso ist es mit dem Dharma, das ich euch lehre. Es ist wie das Floß zum Übersetzen da und nicht zum Festhalten. Ihr Mönche, klammert euch nicht an richtige Einstellungen und noch weniger an falsche – denkt an das Gleichnis vom Floß.«

Nach dem *Majjhima Nikaya* [E]

48

Das Dilemma der Kalamer

Einmal war der Buddha mit einer großen Schar von Mönchen unterwegs, als er in die Kalamerstadt Kesaputta kam.

Die Einwohner von Kesaputta dachten: »Es lohnt sich bestimmt sehr, einen Erwachten wie diesen zu sehen.« Und so machten sie sich zum Buddha auf. Als die Kalamer dort angekommen waren und sich neben die anderen hingesetzt hatten, sagten sie folgendes zum Buddha:

»Nach Kesaputta, Herr, kommen viele verschiedene Lehrer. Jeder von ihnen erklärt und lobt seine eigene Lehre, schimpft aber über die Lehren der anderen und behauptet, sie seien völlig falsch und wertlos. Dies, Herr, verunsichert uns sehr, und wir zweifeln, wer von diesen ehrwürdigen Lehrern nun wirklich die Wahrheit sagt und wer nicht.«

»Eure Verunsicherung, ihr Kalamer, ist verständlich, und euer Zweifel ist verständlich. Denn aus Situationen der Unsicherheit entstehen immer Zweifel. Ihr solltet eure Entscheidung jedoch nicht vom Hörensagen oder von einer Konvention oder Vermutung oder von

Texten, Argumenten oder logischen Schlüssen oder vom Nachdenken über Erklärungen abhängig machen und auch nicht von irgendwelchen persönlich bevorzugten Ansichten oder Wahrscheinlichkeiten und ganz sicher nicht von eurer Verehrung eines Lehrers.

Vielmehr solltet ihr Dinge unterlassen, von denen euch *selbst* klar ist, daß sie unvernünftig sind und auf Dauer schaden und unglücklich machen.

Was glaubt ihr, Kalamer, wenn Gier, Haß oder Wahn in einem Menschen entstehen, wird dies ihn glücklich oder unglücklich machen?«

»Unglücklich, Herr.«

»Und habgierige, gehässige oder verblendete Menschen, die von ihrer Gier, ihrem Haß oder ihrer Verblendung völlig besessen sind, werden sie andere Lebewesen töten, Sachen nehmen, die ihnen nicht gehören, fremdgehen, Unwahrheiten sagen und andere zu Dingen verführen, die auf Dauer nur schaden und unglücklich machen?«

»Ja, so ist es, Herr.«

»Und ist dieses Tun vernünftig oder unvernünftig?«

»Unvernünftig, Herr.«

»Und führt es zu Unglück und Leid oder nicht?«

»Natürlich führt es zu Unglück und Leid, Herr.«

»Dahingegen solltet ihr Dinge tun, von denen ihr *aus eigener Erfahrung* wißt, daß sie vernünftig sind und auf Dauer Glück und Segen bringen.

Ich frage euch, Kalamer, wenn in einem Menschen keine Gier, kein Haß und kein Wahn entsteht, trägt dies zu seinem Glück oder Unglück bei?«

»Zu seinem Glück, Herr.«

»Und ist es nicht so, daß Menschen, die weder Habgier noch Haß, noch Wahn kennen und die von diesen Giften nicht verzehrt werden, keine Lebewesen töten, keine Sachen nehmen, die ihnen nicht gehören, nicht fremdgehen, keine Unwahrheiten sagen und daß sie andere zu Dingen ermutigen, die auf Dauer nur Heil und Segen bringen?«

»Das ist wahrhaftig so, Herr.«

»Und ist solches Tun vernünftig oder unvernünftig?«

»Vernünftig, Herr.«

»Und führt es zu Glück und Segen?«

»Sicher, Herr.«

»Die Jünger des Edlen Pfades, ihr Kalamer, begehren daher nichts, fügen niemandem Schaden zu und sind nicht verblendet. Nüchtern und

achtsam weilen sie im Geist der Güte, des Mitgefühls, Wohlwollens und der Gelassenheit,
den sie offen, freundlich und ohne jeden Harm
überreichlich und unermeßlich verschenken, indem sie ihn zuerst in die eine, dann in die zweite,
dritte und vierte Himmelsrichtung und so weiter nach oben, unten, links, rechts überallhin
und unterschiedslos ausgießen.

Und auf diese Weise, ihr Kalamer, werden die
Jünger des Edlen Pfads durch ihre Freundlich-
keit und aufrichtige Liebe in ihren Herzen nicht
befleckt, sondern gereinigt.«

Nach dem *Anguttara Nikaya* [C]

49
Lob und Kritik

Der Buddha sagte: »Wenn Außenstehende mich, die Lehre oder den Orden kritisieren, solltet ihr euch nicht ärgern, denn das würde eurer eigenen Selbstkontrolle im Wege stehen. Ähnlich, wenn sie uns loben. Aber ihr solltet Wahres und Falsches auseinanderhalten und die Fakten anerkennen. Dann werdet ihr sehen, daß selbst die Lobrede eines Unbekehrten nur oberflächlichen Charakter hat.«

Digha Nikaya [C]

Wer vorhat, einen anderen zurechtzuweisen, muß vorher fünf Tugenden in sich entwickeln und folgendes zu sich selber sagen:

»Ich werde zur richtigen Zeit und nicht zur Unzeit sprechen. Ich werde aufrichtig und nicht unaufrichtig sprechen. Ich werde sanft und nicht beleidigend sprechen. Ich werde zu seinem Nutzen und nicht zu seinem Schaden sprechen. Ich werde gütig und nicht zornig sprechen.«

Vinaya Pitaka

51
Vollkommene Rede

Auf Lügen verzichten

Man vermeidet Lügen und verzichtet auf sie. Man spricht die Wahrheit und bleibt bei der Wahrheit, ist zuverlässig, vertrauenswürdig und kein Betrüger. Auf einer Versammlung, in der Öffentlichkeit, unter Verwandten, in Gesellschaft oder vor Gericht antwortet man, wenn man als Zeuge herangezogen und gefragt wird und man von nichts weiß: »Ich weiß von nichts«; wenn man nichts gesehen hat, antwortet man: »Ich habe nichts gesehen«; und wenn man etwas gesehen hat, antwortet man: »Ich habe es gesehen.« Man sagt also niemals bewußt die Unwahrheit, weder um sich selbst einen Vorteil zu verschaffen noch um irgend jemand anderem oder irgendeiner Sache einen Vorteil zu verschaffen.

Auf Klatsch verzichten

Man vermeidet Klatsch und verzichtet auf ihn. Was man hier gehört hat, sagt man dort nicht weiter, wenn daraus nur Streit entstünde. Was man dort gehört hat, sagt man hier nicht weiter, wenn daraus nur Streit entstünde. So bringt man diejenigen zusammen, die zerstritten sind, und fördert die Verbundenheit unter den Friedlichen. Eintracht erfreut, macht heiter und vergnügt, und es ist Eintracht, die man durch seine Worte verbreitet.

Auf grobe Worte verzichten

Man vermeidet grobe Worte und verzichtet auf sie. Man spricht freundlich, sanft und liebevoll, wählt Worte, die höflich sind, zu Herzen gehen und viele erfreuen.

Auf Gerede verzichten

Man vermeidet Gerede und verzichtet auf es. Man redet zur rechten Zeit und den Tatsachen entsprechend; man redet Nützliches, spricht von der Lehre und der Übung; die Worte, die man spricht, sind wertvoll, sie werden im richtigen Augenblick geäußert, sind stichhaltig, schlicht und vernünftig.

Dies heißt vollkommene Rede.

Nach dem *Anguttara Nikaya* [B]

52
Die Güte, die von Herzen kommt

O Mönche, alle unsere Anstrengungen zum Erwerb religiöser Verdienste sind kein Sechzehntel soviel wert wie die Güte. Die Güte, die von Herzen kommt, umfaßt sie alle; sie leuchtet, sie strahlt, sie glänzt.

Und genauso, o Mönche, wie das Sternenlicht nicht ein Sechzehntel so hell ist wie das Mondlicht und das Mondlicht dieses umfaßt und leuchtet und strahlt und glänzt, genauso, o Mönche, sind alle unsere Anstrengungen zum Erwerb religiöser Verdienste kein Sechzehntel soviel wert wie die Güte. Die Güte, die von Herzen kommt, umfaßt sie alle; sie leuchtet, sie strahlt, sie glänzt.

Und genauso, o Mönche, wie am Ende der Regenzeit die Sonne alles Düstere vertreibt und leuchtet und strahlt und glänzt, wenn sie am klaren, wolkenfreien Himmel aufgeht, genauso auch wie am Ende der Nacht der Morgenstern leuchtet und strahlt und glänzt, genauso, o Mönche, sind alle unsere Anstrengungen zum Erwerb religiöser Verdienste kein Sechzehntel soviel wert wie die Güte. Die Güte, die von Herzen kommt, umfaßt sie alle; sie leuchtet, sie strahlt, sie glänzt.

Nach dem *Itivuttaka*

53
Der unverlierbare Schatz

Ein Mann vergräbt einen Schatz tief unter der Erde, weil er denkt: »In schlechten Zeiten werde ich ihn brauchen können, oder wenn mich der König entläßt oder wenn ich ausgeraubt werde oder in Schulden gerate oder wenn eine Hungersnot ausbricht oder mich das Unglück verfolgt.«

Aber dieser Schatz wird dem Besitzer vielleicht niemals etwas nützen, weil er zum Beispiel vergißt, wo er ihn vergraben hat, oder weil Kobolde den Schatz stehlen oder weil seine Feinde oder sogar seine Verwandten ihn wegnehmen, wenn er nicht aufpaßt.

Aber durch tätiges Mitgefühl, Güte, Zurückhaltung und Selbstbeherrschung können Männer wie Frauen einen gut verborgenen Schatz ansammeln – einen Schatz, den man nicht verlieren kann und der von niemandem gestohlen werden kann. Ein kluger Mensch sollte Gutes tun – das ist ein Schatz, der einem nicht verlorengeht.

Nach dem *Khuddhaka Patha*

54
Die fünf Grundsätze

1. Um mich weiterzuentwickeln, gelobe ich, nicht zu töten.

2. Um mich weiterzuentwickeln, gelobe ich, nichts zu nehmen, was mir nicht gegeben wurde.

3. Um mich weiterzuentwickeln, gelobe ich, keinen sexuellen Mißbrauch zu treiben.

4. Um mich weiterzuentwickeln, gelobe ich, nicht zu lügen.

5. Um mich weiterzuentwickeln, gelobe ich, auf Rauschmittel zu verzichten, die zu Unachtsamkeit führen.

Diese fünf Grundsätze dienen dem Glück, dem Wohlergehen und der Befreiung. Reinigen wir also unser Herz, auf daß es scheine.

Gil Fronsdal

55
Die positiven Zeichen

Solange die Jünger des Weges häufig Ordens-versammlungen abhalten, ist dies ein positives Zeichen und kein negatives. Solange sie friedlich zusammenkommen, friedlich auseinandergehen und friedlich ihre Belange regeln; solange sie nichts weiter gutheißen als bereits Gutgeheißenes und dieses nicht schmälern, sondern sich an die Übungsvorschriften halten; solange sie die Ältesten, die schon lange im Orden sind und ihm väterlich vorstehen, respektvoll grüßen, achten und anerkennen; solange sie keinen Begierden nachgeben, die in ihnen aufsteigen und zur Wiedergeburt führen; solange sie sich zur Meditation in die Einsamkeit zurückziehen; solange sie sich der Achtsamkeit befleißigen, so daß sich ihnen in Zukunft weiterhin Jünger anschließen und sich diejenigen bei ihnen wohl fühlen, die bereits Mönche geworden sind; solange sich die Jünger des Weges an diese sieben Dinge halten und jeder es sehen kann, ist das ein positives Zeichen und kein negatives.

Mahaparinibbana Sutta [A]

56
Allein und richtig leben

Ich hörte einmal diese Worte des Buddha, als er im Kloster im Jeta-Hain weilte, in der Stadt Sravasti. Er rief alle Mönche zu sich und begann seine Lehrrede: »Mönche!«

Und die Mönche antworteten: »Ja.«

Der Heilige fuhr fort: »Heute werde ich euch erklären, was es heißt, ›allein und richtig zu leben‹. Dies werde ich zunächst kurz erklären und dann im einzelnen erläutern. Hört bitte aufmerksam zu, ihr Mönche.«

»Heiliger, das tun wir.«

Der Buddha lehrte:

»Hänge nicht der Vergangenheit nach.
Setze nicht auf die Zukunft.
Die Vergangenheit ist vorbei.
Die Zukunft steht noch aus.
Die Gelassenheit und Freiheit
des Jüngers gründet
in der Gegenwart, die
er mehr und mehr begreift.
Wir müssen heute wachsam sein.
Morgen kann es schon zu spät sein.

———

Der Tod kommt unangemeldet
und läßt nicht mit sich handeln.
Tag und Nacht
achtsam zu sein, das heißt
für den Weisen,
›allein und richtig zu leben‹.«

Nach dem *Bhaddekaratta Sutta*

57

Die Gefahr philosophischer Ansichten

Meine Auseinandersetzung mit den Lehrmeinungen hat mich zur Erkenntnis des »inneren Friedens« geführt. Denn keine der vielen Theorien überzeugte mich bei näherem Hinsehen; sie alle hatten einen Haken. Ich sah, welche Gefahr in philosophischen Ansichten steckt.

Vollkommenheit läßt sich nicht beweisen, durch keine Philosophie, keine Tradition, keine Wissenschaft, durch keine Fähigkeit und durch keine guten Taten und auch nicht durch das Fehlen einer Philosophie, das Fehlen einer Tradition, das Fehlen einer Wissenschaft, das Fehlen von Fähigkeiten und guten Taten. Hat man dies einmal erkannt, möge man es nicht mehr verdrängen, ruhig und gelassen bleiben und keine Stütze für den Geist mehr suchen.

Wenn man sich anderen gleichstellt oder sich für überlegen oder unterlegen hält, führt dies zu Streit; wenn man sich aber nicht mit anderen vergleicht, fallen Begriffe wie »gleichrangig« oder »überlegen« fort.

Der Weise, der sich weder für gleichrangig noch für über- oder unterlegen hält, wird er nicht verständig sein? Wessen Ansichten könnte er für wahr oder falsch erklären? Mit wem sollte er sich noch streiten?

Ein weiser Mensch wird nicht arrogant, weder durch philosophische noch durch andere Ansichten, auch nicht durch gute Taten oder die Tradition, das ist nicht seine Art; er läßt sich zu keiner Form von geistiger Stütze verleiten.

Wer einsichtig ist, streift die Fesseln der Rechthaberei ab und beugt sich keinen Dummheiten; aber diejenigen, die auf Standpunkten und philosophischen Ansichten beharren, ziehen in der Welt umher und verursachen überall Ärger.

Nach dem *Sutta Nipata* [B]

58
Die Weisen lassen ihr Ich los

Bilde dir keine Ansichten in der Welt, weder aufgrund deines Wissens noch aufgrund deines tugendhaften Verhaltens, noch aufgrund deiner Einhaltung religiöser Vorschriften; ebenso vermeide, dich anderen gegenüber für ebenbürtig, überlegen oder unterlegen zu halten.

Die Weisen lassen ihr Ich los und brauchen keine Selbstbestätigung. Sie streiten sich auch nicht über Ansichten und versteifen sich nicht auf Meinungen.

Diejenigen, die nicht unbedingt etwas werden wollen oder nicht werden wollen in diesem oder einem anderen Leben, brauchen sich nicht an den Meinungen anderer festzuhalten.

Sie orientieren sich nicht an dem, was geschrieben, gesagt und gedacht wird. Wie könnte jemand diese Weisen beeinflussen, die nach keiner Meinung greifen?

Sutta Nipata (nach G. Fronsdal)

59
Richte nicht über die Menschen

Karmische Folgen lassen sich nicht verstehen, und deshalb sollte man darüber keine Spekulationen anstellen. Alles Nachdenken darüber würde nur zu Verwirrung und Elend führen.

Deshalb richte nicht über die Menschen, Ananda; mutmaße nicht über andere; ein Mensch schadet sich selbst, wenn er über andere urteilt.

Anguttara Nikaya [D]

60
Respekt für sich selbst und andere

Wir wandern in Gedanken durch die ganze
Welt
und finden niemand, der uns mehr bedeutet
als wir uns selbst.
Da dies jedem so ergeht,
daß er sich selbst am meisten schätzt,
verletze durch deinen Selbstrespekt
kein anderes Wesen.

Samyutta Nikaya (nach G. Fronsdal)

61
Seid euch selbst ein Licht

Deshalb, Ananda, seid euch selbst ein Licht, seid euch selbst eine Zuflucht. Nehmt nicht zu irgend etwas anderem Zuflucht. Haltet euch an die Wahrheit, die euch leuchtet. Nehmt zur Wahrheit Zuflucht. Sucht in niemand anderem eure Rettung als in euch selbst. Und diejenigen, Ananda, die jetzt oder nach meinem Tod dem Licht in sich selbst folgen und in nichts Äußerem ihre Rettung suchen, sondern an der Wahrheit als ihrem Licht festhalten und zur Wahrheit ihre Zuflucht nehmen und die in niemand anderem Rettung suchen als in sich selbst – sie sind es, die die höchste Höhe erreichen können. Aber sie müssen beharrlich sein.

Mahaparinibbana Sutta [B]

62
Weitergabe des Segens

Möge der Segen, der sich aus meinen Übungen ergeben hat, meinen ehrwürdigen
Mentoren
und Lehrern, die mir geholfen haben, Mutter,
Vater und Verwandten,
König und Königin, weltlichen Mächten, rechtschaffenen Menschen,
den höchsten Wesen, Dämonen und hohen
Göttern, den Schutzgottheiten der Welt,
himmlischen Wesen,
dem Herrn des Todes, den Menschen – freund-
lichen, gleichgültigen und feindlichen –,
möge er allen Wesen zugute kommen! Mögen
die guten Taten, die ich vollbracht habe,
euch dreifaltigen Segen bringen. Möge euch dieser rasch zu den Unsterblichen führen.
Möge auch ich durch diesen Akt der Güte und
Großzügigkeit
Befreiung von jeder Gier und Anhaftung finden.
Mögen alle meine Fehler, die ich noch aufgrund
meiner Unerlöstheit habe,
rasch vergehen. Mögen am Ort meiner Geburt

Aufrichtigkeit, Achtsamkeit, Vernunft, Mäßigung und Lebensfreude herrschen.
Mögen keine schädlichen Einflüsse meine Bemühungen beeinträchtigen.
Der Buddha ist der unübertroffene Beschützer, das Dharma ist der größte Schutz,
einzigartig ist der »schweigende Buddha«, der Sangha ist meine wahre Zuflucht.
Möge ich, kraft dieser höchsten Beschützer aus aller Unwissenheit erwachen.

Traditionell

63

Das Wunder des Erwachens

Wie ein Blinder, der eine Perle im Mülleimer findet, staune ich über das Wunder des Erwachens in meinem Geist. Es ist der Nektar der Unsterblichkeit, der uns vom Tod befreit, der Schatz, der uns aus der Armut in den Reichtum mildtätigen Lebens erhebt, der Baum, der uns Schatten spendet, wenn wir vom Lebensfeuer versengt durch die Welt ziehen, die Brücke, die uns über den reißenden Lebensstrom trägt, der kühle Mond des Mitgefühls, der uns tröstet, wenn wir verzweifelt sind, die Sonne, die die Finsternis vertreibt, die Butter, die aus der Milch der Nächstenliebe im Butterfaß des Dharma gewonnen wurde. Es ist das Freudenfest, zu dem ein jeder geladen ist.

Nach dem *Bodhicharyavatara*

64
Alles Gewordene ist vergänglich

Alles Gewordene ist veränderlich, vergänglich,
in sich zerbrechlich
wie ungebrannter Ton.
Es gleicht etwas Geliehenem, einer Stadt,
die auf Sand gebaut ist,
und existiert nur kurze Zeit.

Unaufhaltsam löst es sich auf
wie Putz, der vom Regen weggewaschen
wird,
wie das Sandufer eines Flusses –
es ist ganz und gar bedingt
und dem Verfall unterworfen.

Wie Kerzenlicht flackert es plötzlich auf,
um im nächsten Augenblick
zu verlöschen.
Es ist unbeständig wie der Wind
oder wie Schaum, flüchtig
und leer.

Der Weise kennt die Begrenzungen des Ichs,
    sein Zustandekommen
    und sein Vergehen –
der Weise weiß, daß es aus dem Nichts
    kam und ins Nichts zurückkehrt,
daß es unwirklich ist
    wie ein Zaubertrick.

Der Weise schaut die wahre Wirklichkeit
    und erkennt die Leere und Ohnmacht
    alles Gewordenen.

    Nach dem *Lalitavistara*

65
Das Herz-Sutra

Folgendes erfuhr ich: Der Buddha weilte auf dem Geierberg zusammen mit hunderttausend Mönchen und Nonnen und siebzigtausend Bodhisattvas. Da stand Bodhisattva Avalokiteshvara auf, ging durch die Versammlung vor zum Buddha, sah ihn an, legte die Handflächen aneinander, verbeugte sich respektvoll und sprach: »Ich möchte für die hier Versammelten die Vollkommene Herzensweisheit erklären, den Allschoß der Weisheit.«

Der Buddha aber antwortete: »Ausgezeichnet, ausgezeichnet, o große Barmherzigkeit!«

Da sah Avalokiteshvara in sich, erkannte in der Versenkung, daß alle fünf Anhäufungen substanzlos sind, löste sich wieder aus der Versenkung und sagte:

»Form ist nichts als Leere, Leere ist nichts als Form. Leere und Form bedeuten ein und dasselbe. Mit Empfindung, Wahrnehmung, Vorstellung und Bewußtsein verhält es sich ebenso. Bewußtsein ist nichts als Leere. Leere ist nichts als Bewußtsein. Leere und Bewußtsein bedeuten ein und dasselbe.

Alle Phänomene zeichnen sich durch Leere aus; sie entstehen nicht und vergehen nicht, sind weder rein noch unrein, nehmen nicht zu und nicht ab. Deshalb gibt es in der Leere keine Form, keine Empfindung, keine Wahrnehmung, keine Vorstellung, kein Bewußtsein; kein Auge, kein Ohr, keine Nase, keinen Geschmack, keinen Tastsinn; nichts Sichtbares und so weiter bis hin zum Denkbaren; keine Unwissenheit und keine Aufhebung der Unwissenheit und so weiter bis hin zu Alter und Tod und zur Aufhebung von Alter und Tod; kein Leiden, keine Leidensursache, kein Leidensende, keinen Weg, keine Weisheit und auch kein Ziel.

Ohne etwas erreichen zu wollen, vertrauen die Bodhisattvas auf die Vollkommene Weisheit, und ihr Geist kennt keine Hindernisse. Ohne Hindernisse des Geistes existieren keine Ängste. Jenseits aller Illusionen erreichen sie das endgültige Nirvana. Die Buddhas aller Zeiten erlangen das unübertroffene, vollständige und vollendete Erwachen in der Vollkommenen Weisheit.

Erkenne die Vollkommene Weisheit als das große Mantra, das strahlende Mantra, das unübertroffene Mantra, das unvergleichliche Mantra, das alles Leiden überwindet, das wahr ist und ohne Fehl.

Verkünde also das Mantra der Vollkommenen Weisheit, das da lautet:

›Gate, Gate, Paragate, Parasamgate, Bodhi, Svaha!‹«*

Prajnaparamita Hridaya Sutra
(nach D. T. Suzuki und G. Fronsdal)

* Die wörtliche Übersetzung dieses Sanskrit-Mantras lautet: »Gegangen, gegangen, hinübergegangen, am anderen Ufer angekommen. Erleuchtung! Heil!«

66
Die Maya

Diese dreifache Welt gleicht einem Netz oder bewegtem Wasser in einer Fata Morgana, sie gleicht einem Traum, einer Illusion, der *Maya*; befreit ist, wer sie als solche sieht.

Ins Leere greift der verwirrte Geist, wie nach einer Luftspiegelung im Frühling; Tiere halten sie für Wasser, aber es ist keine Wirklichkeit dahinter.

Alles ist hier nur ein Gedankengebäude, gleicht einem Luftschloß; für den, der dies erkennt, gibt es nichts mehr zu wissen.

Ewigkeit hier, Vergänglichkeit dort; Gleichheit hier, Verschiedenheit oder Gegensätzlichkeit dort: Daraus machen nur die Unwissenden unüberbrückbare Unterschiede in ihrer anfangslosen, grundlosen Verwirrung.

In einem Spiegel, im Wasser, in einem Auge, in einem Gefäß und auf einem Edelstein sind Spiegelbilder sichtbar, aber sie sind nur Schein; in ihnen ist nichts, woran man sich festhalten könnte.

Nach dem *Lankavatara Sutra* [A]

67
Die Bodhisattvas und die ehrwürdigen Schüler

Nachdem eine gewisse Göttin, die in jenem Haus lebte, diese Belehrung über das Dharma der heldenmütigen Bodhisattvas gehört hatte, erschien sie hocherfreut und glücklich in menschlicher Gestalt und streute über die großen göttlichen Helden, die Bodhisattvas, und die ehrwürdigen Schüler herrliche Blüten. Als die Blüten auf die Körper der Bodhisattvas fielen, glitten sie ab und fielen auf den Boden herab, aber als sie auf die Körper der ehrwürdigen Schüler fielen, klebten sie daran fest und fielen nicht zu Boden. Die ehrwürdigen Schüler strichen über ihre Kleider und versuchten sogar, die Blüten mit Hilfe ihrer magischen Kräfte abzuschütteln, aber vergebens, die Blüten blieben kleben. Da sprach die Göttin zum ehrwürdigen Sariputra: »Mein lieber Sariputra, warum versuchst du, diese Blüten abzuschütteln?«

Sariputra antwortete: »Göttin, diese Blüten schicken sich nicht für Mönche, deshalb versuchen wir sie abzuschütteln.«

Die Göttin sagte: »Sage das nicht, mein lieber Sariputra. Und warum? Weil sich diese Blumen sehr wohl schicken! Und warum? Diese Blüten kennen weder Absichten noch Unterscheidungen. Aber der ehrwürdige Sariputra hat Absichten und kennt Unterscheidungen.

Nun sind freilich gerade Absichten und Unterscheidungen für diejenigen unschicklich, die der Welt entsagt haben, um der richtigen Lehre zu folgen, und trotzdem sind die Ältesten voll solcher Absichten. Wer keine derartigen Gedanken faßt, verhält sich stets schicklich.

Mein lieber Sariputra, sieh, wie diese Blumen an den großen göttlichen Helden, den Bodhisattvas, herabgefallen sind! Das liegt daran, daß sie alle Absichten und Unterscheidungen aufgegeben haben.

Zum Beispiel haben böse Geister Macht über ängstliche Menschen, den Furchtlosen können sie aber nichts anhaben. Genauso sind diejenigen, die aus Angst vor der Welt nichts mit ihr zu tun haben wollen, dem Sichtbaren, Hörbaren, Riechbaren, Schmeckbaren und Fühlbaren ausgeliefert, das denjenigen nichts ausmacht, die sich vor keinen Leidenschaften in der Welt der Erscheinungen fürchten. Folglich kleben diese Blüten an den Körpern derjenigen fest, die sich noch nicht von ihren instinktiven Leidenschaften befreit haben, und fallen von den Körpern derjenigen herab, die ihre Neigungen überwunden haben. Darum kleben die Blüten nicht an den Körpern dieser Bodhisattvas fest, die allem Anhaften entsagt haben.«

Nun fragte Sariputra: »Göttin, weshalb hast du eine Frauengestalt und änderst nichts daran?«

Die Göttin antwortete: »Obwohl ich zwölf Jahre lang meine ›Frauengestalt‹ gesucht habe, habe ich sie noch nicht gefunden. Mein lieber Sariputra, wenn ein Zauberer eine Frau erscheinen lassen würde, würdest du diese weibliche Gestalt fragen, weshalb sie nichts an ihrem Frausein ändert?«

Sariputra: »Nein! So eine Frau würde nicht wirklich existieren, also was sollte es da zu verändern geben?«

Göttin: »Genauso, mein lieber Sariputra, sind alle Dinge nur Schein. Sie existieren nicht wirklich. Würdest du dich also fragen: ›Warum ändert sie nichts an dieser Frauengestalt, die im Grunde eine Erscheinung ist‹?«

Darauf gebrauchte die Göttin ihre magische Kraft und ließ den Ältesten Sariputra ihre Gestalt annehmen, und sie selbst nahm seine Gestalt an. Dann sagte die in Sariputra verwandelte Göttin zu dem in die Göttin verwandelten Sariputra: »Mein lieber Sariputra, weshalb hast du eine Frauengestalt und änderst nichts daran?«

Und der in die Göttin verwandelte Sariputra antwortete: »Plötzlich bin ich kein Mann mehr, sondern eine Frau! Ich erscheine als Frau, ich weiß nicht, was ich nun verändern soll.«

Die Göttin fuhr fort: »Genauso wie dir jetzt ergeht es allen Frauen. Sie erscheinen als Frauen, sind der Gestalt nach eine Frau, aber nicht dem Wesen nach. Das meinte der Buddha, als er sagte: ›Nichts ist männlich oder weiblich.‹«

Dann löste die Göttin ihren Zauber, und beide nahmen wieder ihre ursprüngliche Gestalt an. Daraufhin fragte sie ihn: »Mein lieber Sariputra, was hast du mit deiner Frauengestalt gemacht?«

Sariputra: »Ich habe sie weder gemacht noch an ihr etwas verändert.«

Göttin: »Genauso verhält es sich mit allen Dingen, sie werden weder hergestellt noch verändert, und daß sie weder hergestellt noch verändert werden, das ist die Lehre des Buddha.«

Vimalakirti Sutra

68
Ein Schatten und ein Traum

So sollte dir die ganze
vergängliche Welt
erscheinen:

ein Stern im Morgengrauen,
eine Luftblase im Fluß,
ein Blitz in einer Sommerwolke,
ein flackerndes Licht,
ein Schatten und ein
Traum.

Diamant-Sutra [A]

69

Verse über den Glauben an den Geist

Nicht schwierig ist der erhabene Weg,
wenn du nur aufhörst zu wählen.
Alles ist klar ersichtlich,
wenn Zu- und Abneigung fortfallen.
Triff die kleinste Unterscheidung,
und Himmel und Erde sind unendlich weit
   getrennt.
Wünschst du die Wahrheit zu erfahren,
beziehe weder für noch gegen etwas Position.
Der Geist erkrankt,
sobald du Vorlieben setzt.
Er findet keinen Frieden,
solange er dies nur halb versteht.

Der Weg liegt offen vor uns,
auf ihm herrscht weder Überfluß noch Mangel.
Nur weil wir Dinge bevorzugen und abweisen,
können wir sie nicht so sehen, wie sie sind.
Hänge dich weder an äußere Dinge
noch an die innere Erfahrung der Leere.
Bleibe gelassen im Einen,
und alle Verwirrung verschwindet von selbst.
Wenn du dich bemühst, nichts zu tun,

ist das nur eine andere Form der Betätigung.
Niemals wirst du das Eine erfahren,
solange du dich bei dem Zweierlei aufhältst.
Denen, die den Weg des Einen nicht finden,
gelingt weder Tun noch Nichtstun.

Den Dingen Wirklichkeit abzusprechen
   heißt,
ihre Wirklichkeit zu verfehlen.
Die Leere in den Dingen zu behaupten
heißt, ihre Wirklichkeit zu verfehlen.
Je mehr du über die Wahrheit sprichst und
   nachdenkst,
desto weiter entfernst du dich von ihr.
Höre mit dem Reden und Nachdenken auf,
und nichts bleibt dir fremd.
Sinnfindung geschieht in der Rückkehr zum
   Ursprung,
aber niemals gelingt dir dies,
solange du Erscheinungen nachjagst.
Im Augenblick der inneren Erleuchtung
werden Erscheinung und Leere überschritten.
Nur aufgrund unserer Unwissenheit
halten wir die Veränderungen
in der flüchtigen Welt für beständig.
Suche nicht nach der Wahrheit,
hör nur auf, an Meinungen festzuhalten.

Halte nicht am Zwiespältigen fest,
und hüte dich davor, ihm nachzujagen.
Triff auch nur die geringste Unterscheidung
von diesem und jenem, Gutem und Schlechtem,
und der Geist verfällt in Verwirrung.
Versteife dich auch nicht auf die Einheit,
aus der alle Dualitäten hervorgehen.

Wenn der Geist ungetrübt auf dem Weg bleibt,
sind die zehntausend Dinge ohne Makel,
und wenn die Dinge ohne Makel sind,
hören sie auf, in der alten Weise zu existieren.

Im nichtunterscheidenden Denken
hört das Denken auf zu sein,
und der Denker verschwindet mit dem Gedach-
    ten:
Ohne Objekt kein Subjekt.
Durch das Subjekt sind Dinge Objekte,
durch die Dinge ist der Geist, der er ist.
Begreife die Relativität von beidem
durch die zugrundeliegende Wahrheit:
die Einheit der Leere.
In dieser Leere ist beides ununterscheidbar,
und in beidem ist alles enthalten.
Unterscheidest du nicht zwischen grob und fein,
wird es keine Vorurteile und Meinungen mehr
    geben.

———

Auf dem Großen Weg zu gehen
ist weder leicht noch schwer,
aber die Kurzsichtigen haben Angst und
   schwanken:
Je mehr sie sich beeilen,
desto langsamer kommen sie voran.
Im Anhaften verliert man das Maß und geht in
   die Irre.
Laß los, und die Dinge erlangen ihr Sosein.
Bleibe im Hier und Jetzt,
und es gibt kein Kommen und Gehen.

Gehorche deiner eigenen Natur,
und du wirst frei und ungehindert deines Weges
   gehen.
Solange das Denken trotzt,
bleibt die Wahrheit verborgen,
denn alles liegt im Düstern und Unklaren,
und die lästige Angewohnheit zu urteilen
macht ärgerlich und matt.
Was nützen Benennen und Trennen?

Willst du den Einen Weg gehen,
verachte nicht die Welt der Sinne und Ideen.
Nur wer sie vollständig annimmt,
ist eins mit der wahren Erleuchtung.
Kluge Menschen jagen keinen Zielen nach,
nur törichte Menschen binden sich selbst.

Es gibt nur ein Dharma, nicht viele;
Unterschiede entstehen durch das Anklammern
  der Unwissenden.
Und der größte Fehler von allen ist,
mit dem Denken den Geist zu suchen.

Leidenschaft bewirkt Ruhe und Unruhe.
Erleuchtung kennt weder Vorliebe noch Ablehnung.
Aus falschen Schlüssen entstehen alle Dualitäten.
Sie gleichen Träumen oder Luftschlössern;
versuch nicht, sie festzuhalten.
Gewinn und Verlust, richtig und falsch:
laß sie ein für allemal los.

Vor wachen Augen entfliehen die Träume.
Wenn der Verstand nicht unterscheidet,
sind die zehntausend Dinge so, wie sie sind.
Versteht man das Rätsel dieses Soseins,
ist man von allen Verstrickungen befreit.
Siehst du alle Dinge als gleich an,
wird das zeitlose Selbstsein erreicht,
in dem es keine Ursachen und Vergleiche mehr
  gibt.

Stelle dir Bewegung als Zustand und das Feste
  bewegt vor,

so verschwinden Bewegung und Ruhe.
Gibt es keine solche Gegensätzlichkeit mehr,
hört selbst Einheit zu existieren auf.
Das Absolute kennt keine Regel.

Der Geist, der im Einklang mit dem Weg ist,
überwindet jedes selbstsüchtige Streben.
Zweifel und Unentschlossenheit verschwinden,
und wahrer Glauben wird möglich.
In der Befreiung hängt nichts mehr an uns,
und wir halten nichts mehr fest.
Alles offenbart sich als leer und selbstleuchtend
ohne jede Mühe des Geistes.
Hier sind Denken, Fühlen und Vorstellen nutz-
     los.
Im Reich der Wahrheit an sich
gibt es weder ein Selbst noch ein Nichtselbst.

Um diese Wahrheit spontan auszudrücken,
sage einfach »Nicht-zwei«.
In diesem »Nicht-zwei« ist nichts getrennt oder
     ausgeschlossen.
Erleuchtung, wann und wie immer sie ge-
     schieht,
bedeutet die Bewußtwerdung dieser Wahrheit.
Und ihre Wirklichkeit erweitert oder verringert
     sich weder zeitlich noch räumlich.
Ein Augenblick ist in ihr wie zehntausend Jahre.

———

In allumfassender Leere
liegt das Universum vor deinen Augen.
Das Kleinste ist dem Größten gleich,
und die Grenzen sind verschwunden.
Das Größte ist dem Kleinsten gleich,
keine Teilung ist sichtbar.
Auch mit dem Sein und Nichtsein ist es so.
Vergeude keine Zeit
mit überflüssigen Zweifeln und Gedanken.

Das Eine ist alles,
das All ist eines.
Erkennst du dies, so brauchst du
keine Unvollkommenheit zu fürchten.
Das ist der Glauben an den Geist,
der Weg zur Nichtdualität,
denn das Nichtduale ist eins mit dem Glauben
    an den Geist.

Worte!
Der Weg ist mehr als nur Worte,
denn er erhält
        kein Gestern,
        kein Morgen,
        kein Heute.

              Seng-tsan: *Hsin-hsin-ming*

                    ———

                    140

70

Die Meditationspraxis

Die Wahrheit ist in sich selbst vollkommen. Sie ist nichts Neues; sie hat immer existiert.

Die Wahrheit ist nicht weit entfernt; sie ist jederzeit gegenwärtig. Sie muß nicht erworben werden, da du keinen Schritt machst ohne sie.

Halte dich nicht an die Ansichten anderer, sondern lerne, auf deine innere Stimme zu hören. Dein Körper und Geist werden klar werden, und du wirst die Einheit aller Dinge erkennen.

Schon der kleinste Gedanke eines Für und Wider wird dir den Eintritt in den Palast der Meditation und Weisheit verwehren.

Der Buddha meditierte sechs Jahre lang, Bodhidharma neun Jahre. Das Meditieren ist keine Methode, um zur Erleuchtung zu gelangen – es selbst ist die Erleuchtung.

Das rein begriffliche Erforschen von Büchern, das Lesen von Worten mag dir großes Wissen einbringen, aber auf diesem Weg reflektierst du nicht dein eigenes Selbst.

Wenn Körper und Geist abfallen, wird sich dir die ursprüngliche Wahrheit ganz von selbst zeigen. Zen ist einfach das Offenbarwerden der

Wahrheit; deshalb sind Sehnen und Streben nicht der wahre Ausdruck des Zen.

Um die Wohltaten der Meditation zu erfahren, solltest du aufrichtigen Herzens und fest entschlossen üben. Dein Meditationsplatz sollte sauber und ruhig sein. Denke nicht ständig an das, was gut und schlecht ist. Entspanne dich einfach und vergiß, daß du meditierst. Bemühe dich nicht um Erleuchtung, da dich dieser Gedanke nur verwirren wird.

Setze dich, in weiter Kleidung, so bequem wie möglich auf ein Kissen. Halte deinen Körper gerade, ohne dich nach links oder rechts, nach vorne oder nach hinten zu lehnen. Deine Ohren sollten eine Parallele zu den Schultern bilden, und von der Nase sollte eine senkrechte Linie zum Nabel verlaufen. Schließe den Mund, Zunge am Gaumen. Halte die Augen leicht geöffnet, und atme durch die Nase.

Atme mehrere Male tief und gründlich durch, bevor du mit der Meditation beginnst. Wenn du wieder zur normalen Atmung zurückkehrst, halte den Körper weiterhin aufrecht. Es werden dir viele Gedanken durch den Kopf schießen, beschäftige dich nicht mit ihnen, laß sie einfach los. Wenn sie nicht vergehen, nimm sie wahr in einem Bewußtsein, das nicht denkt. In anderen Worten, denke, ohne zu denken.

Die Zenmeditation ist weder ein Sport noch eine Methode, mit der sich irgendwelche materiellen Vorteile erlangen lassen. Sie ist die Friedlichkeit und Seligkeit selbst. Sie ist die Verwirklichung der Wahrheit und Weisheit.

Beim Meditieren bist du selbst der Spiegel, der die Lösung deiner Probleme anzeigt. Der menschliche Geist ist in seiner wahren Natur völlig frei. Intuitiv kannst du Freiheit erlangen. Versuche nicht, deine Freiheit zu erkämpfen, lasse vielmehr die Meditation selbst deine Befreiung sein.

Wenn du die Meditation beenden möchtest, bewege den Körper langsam hin und her, und steh leise auf. Übe diese Meditation morgens, abends oder in einer freien Zeit während des Tages. Du wirst bald feststellen, daß deine seelischen Probleme eins nach dem andern von dir abfallen und sich in dir eine bis dahin unbemerkte intuitive Kraft entwickelt.

Es gibt Abertausende von Schülern, die diese Meditation ausgeübt und ihre Früchte geerntet haben. Zweifle nicht an ihrer Wirksamkeit, nur weil sie so einfach ist. Wenn du die Wahrheit dort nicht finden kannst, wo du dich befindest, wo dann, glaubst du, daß sie zu finden wäre?

Das Leben ist kurz, und niemand weiß, was der nächste Augenblick bringen wird. Öffne

Herz und Geist, solange du die Gelegenheit dazu hast, so daß du die Schätze der Weisheit gewinnst, die du selbst wiederum überreichlich verschenken kannst, zum Segen anderer.

Nach Dogen: *Fukanzazengi*

71
Die Verwirklichung der Erleuchtung

Da alle Dinge Buddhanatur haben, gibt es Selbsttäuschung und Erkenntnis, Übung, Geburt und Tod sowie Buddhas und fühlende Wesen.

Da alle Dinge wesenlos sind, gibt es keine Verblendung, keine Erkenntnis, keinen Buddha, kein fühlendes Wesen, keine Geburt und keinen Tod.

Der Buddhaweg besteht im Grunde aus dem Überschreiten des Vielen und des Einen; also gibt es Geburt und Tod, Verblendung und Erkenntnis, fühlende Wesen und Buddhas.

Die Blumen welken trotz unserer Zuneigung, das Unkraut wächst trotz unserer Abneigung.

Sich in der Erfahrung der Dinge selbst zu spiegeln ist Verblendung. Daß sich die Dinge offenbaren und von selbst erschließen, ist Erleuchtung.

Diejenigen, die das Wesen der Verblendung erkennen, sind Buddhas; diejenigen, die das Wesen der Erkenntnis verkennen, sind fühlende Wesen. Ferner gibt es diejenigen, die jenseits von Erkenntnis erkennen und die durch und durch Verblendeten.

Wirkliche Buddhas brauchen nicht zu wissen, daß sie Buddhas sind, denn ein wahrhaft erleuchteter Buddha offenbart seine Buddhaschaft im täglichen Leben.

Die Buddhanatur zu studieren heißt, sich selbst zu studieren. Sich selbst zu studieren heißt, sich selbst zu vergessen. Sich selbst zu vergessen heißt, von den zehntausend Dingen erleuchtet zu werden. Wenn die zehntausend Dinge dich erleuchten, fallen Körper und Geist von dir ab, nicht nur bei dir selbst, sondern auch bei allen anderen. Dann bleibt keine Spur von Erleuchtung, während diese sich fortwährend verwirklicht.

Schaust du während einer Bootsfahrt zum Ufer hin, hast du vielleicht den Eindruck, daß es sich bewegt. Sobald du aber den Blick zum Boot zurückwendest, kannst du sehen, daß sich das Boot bewegt. So ist es auch möglich, daß du deinen Körper und Geist für unveränderlich hältst, wenn du die Dinge um dich her in einer verwirrten körperlichen und geistigen Verfassung betrachtest. Wenn du durch gründliches Üben zu deinem Ursprung zurückkehrst, wird klar sein, daß nichts in der Welt einen unveränderlichen Wesenskern hat.

Zu Asche verbranntes Brennholz wird nie mehr zu Feuerholz werden. Doch halte die Asche nicht für die Zukunft und das Brennholz für die Vergangenheit. Du solltest begreifen, daß Brennholz Brennholz ist, das Vergangenheit und Zukunft gänzlich einschließt, und daß Asche Asche ist, die Vergangenheit und Zukunft gänzlich einschließt. Genauso wie zu Asche gewordenes Brennholz nie mehr zu Brennholz wird, kehrst du nach dem Tod nicht mehr zur Geburt zurück.

Geburt verwandelt sich niemals in Tod, das ist ein fester Bestandteil der Buddhalehre. Folglich wird Geburt auch als »Nicht-Werden« verstanden. Buddha lehrte ebenso unmißverständlich, daß sich Tod niemals in Geburt verwandelt. Daher wird Tod auch als »Nicht-Sterben« verstanden.

Geburt erklärt sich völlig aus sich selbst. Tod geht ganz aus sich selbst hervor. Sie verhalten sich zueinander wie Winter und Frühling. Nenne weder den Winter Frühlingsanfang noch den Sommer Frühlingsende.

Erleuchtung gleicht der Spiegelung des Mondes auf dem Wasser. Weder wird der Mond vom Wasser benetzt, noch wird das Wasser vom Mond zerteilt. Obwohl der Mond weithin leuchtet, spiegelt er sich sogar in der kleinsten Wasserpfütze. Der ganze Mond und der ganze Himmel spiegeln sich in den Tautropfen im Gras und auch im allerkleinsten Wassertröpfchen.

Erleuchtung zerteilt dich nicht, genauso wie der Mond das Wasser nicht zerteilt. Du kannst Erleuchtung nicht aufhalten, genauso wie kein Wassertropfen den Mond am Himmel aufhält.

Der Tiefe des Tropfens entspricht die Höhe des Mondes. Jede Spiegelung, ganz unabhängig von ihrer Dauer, offenbart die Unermeßlichkeit des Tautropfens und vergegenwärtigt die Unendlichkeit des Mondlichts am Himmel.

Sind dein Körper und Geist nur zum Teil von Dharma erfüllt, glaubst du, das sei schon genug. Erfüllt dich Dharma voll und ganz, begreifst du, daß immer noch etwas fehlt.

Zum Beispiel, wenn du mit einem Boot aufs Meer hinausfährst, bis weit und breit kein Land mehr in Sicht ist, und in die vier Himmelsrichtungen schaust, sieht das Meer kreisförmig aus und hat anscheinend keine andere Gestalt. Aber das Meer ist weder rund noch viereckig; sein

Aussehen variiert unendlich. Es gleicht einem Palast. Es gleicht einem Juwel. Es sieht nur aus deiner gegenwärtigen Sicht kreisförmig aus. Dies verhält sich so mit allen Dingen.

Obwohl es in der irdischen Welt und der Welt jenseits aller Bedingungen viele Formen gibt, siehst und begreifst du nur das, was dein geistiges Auge je nach dem Stand deiner Übung erfassen kann. Um die Natur der Dinge an sich zu verstehen, muß dir klar sein, daß Meere und Berge unendlich vielgestaltig sind, auch wenn sie dir rund oder eckig erscheinen, und daß es viele andere Welten gibt. Dies ist nicht nur um dich her so, sondern auch direkt unter deinen Füßen oder in einem Wassertropfen.

Ein Fisch schwimmt im Meer, und ganz gleich wie weit er schwimmt, er bleibt immer im Wasser. Ein Vogel fliegt durch die Lüfte, und ganz gleich wie weit er fliegt, er bleibt immer in der Luft. Fisch und Vogel verlassen niemals ihr Reich. Brauchen sie viel, ist ihr Tätigkeitsbereich groß; brauchen sie wenig, ist auch ihr Tätigkeitsbereich klein. Immer reicht ihnen ihr Spielraum völlig aus, und sie gehen ganz in ihrem Reich auf. Verläßt der Vogel die Luft, wird er sofort sterben. Verläßt der Fisch das Wasser, wird er sofort sterben.

Sei dir bewußt, daß Wasser Leben für den Fisch ist und Luft Leben für den Vogel. Ebenso ist der Vogel Leben für die Luft und der Fisch Leben für das Wasser. Der Vogel ist das Leben, und der Fisch ist das Leben.

Dies könnte man durch viele weitere Beispiele illustrieren. Mit Übung, Erleuchtung und dem Menschen verhält es sich ähnlich wie mit dem Fisch und dem Wasser oder dem Vogel und der Luft.

Versucht der Vogel oder der Fisch das Ende seines Reiches zu erreichen, bevor er sich überhaupt darin bewegt hat, wird er weder seinen Weg noch seinen Platz finden. Wenn du deinen Platz dort findest, wo du bist, geschieht Übung, und die Erleuchtung verwirklicht sich im täglichen Leben; denn der Ort und der Weg sind weder groß noch klein, gehören weder dir noch anderen, sind weder vergangen noch gegenwärtig – sie sind, was sie sind.

Wenn du so den Buddhaweg übst, begegnest du einer Sache, und begegnest ihr ganz – und dein Üben ist immer vollständiges Üben.

Zenmeister Baoche vom Berg Mayu fächelte sich Luft zu. Da trat ein Mönch heran und sagte: »Meister, die Natur des Windes ist es, dauernd zu wehen, und es gibt keinen Ort, an dem er nicht gegenwärtig ist. Warum fächelst du dir dann Luft zu?«

»Die Natur des Windes hast du wohl verstanden«, antwortete Baoche, »aber du mißverstehst den Sinn seiner Allgegenwart.«

»Was bedeutet es, daß er allgegenwärtig ist?« fragte der Mönch wieder. Der Meister fuhr lediglich damit fort, sich Luft zuzufächeln. Der Mönch verbeugte sich tief.

Nicht anders ist es mit der Verwirklichung des Buddha-Dharma und dessen lebendiger Übermittlung. Würdest du sagen, du bräuchtest keinen Fächer, weil der Wind allgegenwärtig ist und er dir folglich ohne Fächeln zur Verfügung steht, dann würdest du weder die Allgegenwart noch die Natur des Windes verstehen. Darum macht der Wind aus dem Hause des Buddha die Erde golden und läßt Milch in den Flüssen fließen.

Nach Dogen: *Genjo Koan*

72
Der Gesang von Mahamudra*

Mahamudra übersteigt alle Begriffe und Symbole,
aber deinetwegen, ernster und treuer
  Naropa,
sei dies gesagt:

Die Leere braucht keine Stütze,
Mahamudra ruht im Nichts.
Ohne Mühe, natürlich und leicht
kannst du dein Joch abwerfen
und Befreiung erlangen.

Wenn du mit wachen Augen nach nichts
  suchst
und dann den Geist durch sich selbst
  wahrnimmst,
löst du alle Unterscheidungen auf
und erreichst Buddhaschaft.

---

* Mahamudra (»Großes Siegel«) ist eine der zentralen Lehren des tibetischen Vajrayana. Die Mahamudra-Übung
führt zur Erkenntnis des Einen Geistes.

Die Wolken, die am Himmel ziehen,
haben keine Wurzeln, kein Zuhause,
ebenso wie die urteilenden Gedanken,
die durch den Geist treiben.
Sobald der Geist des Selbst gesehen wird,
hört das Unterscheiden auf.

Im Raum entstehen Formen und Farben,
den Raum selbst aber färben weder Schwarz
  noch Weiß.
Aus dem Selbst-Geist gehen alle Dinge
  hervor;
ihn färben weder Tugenden noch Laster.

Die Dunkelheit von Zeitaltern kann nicht
die strahlende Sonne verdüstern;
die langen Äonen des Samsara können
  niemals
das helle Licht des Geistes verbergen.

Wir sprechen Worte, um die Leere zu erklären,
doch die Leere selbst entzieht sich allen
  Worten.
Wir mögen sagen: »Der Geist ist ein helles
  Licht«,
doch ist er jenseits aller Worte und Symbole.
Obwohl der Geist im Wesen leer ist,
umfaßt und enthält er doch alle Dinge.

Tu nichts mit dem Körper, als dich zu
    entspannen;
schließe den Mund und schweige;
leere den Geist, und denke an nichts.
Wie ein Bambusrohr laß ruhen den Leib.
Ohne Geben und Nehmen laß ruhen den
    Geist.
Mahamudra entspricht einem Geist,
der sich an nichts festhält.
Mit solcher Übung wirst du beizeiten
Buddhaschaft erlangen.

Mantra- und Vervollkommnungsübungen,
Sutrastudien und Gebote,
die Lehren der Schulen und heiligen Schriften –
sie führen nicht zur Erkenntnis der inneren
    Wahrheit.
Denn wenn der Geist wunscherfüllt nach etwas
    strebt,
verbirgt er damit nur das Licht.

Wer die tantrischen Regeln befolgt
und trotzdem Unterscheidungen trifft,
verrät den Geist der Gelübde.
Stell jede Tätigkeit ein; gib alle Wünsche auf;
laß die Gedanken kommen und gehen, wie sie
    wollen,
wie die Wellen des Meeres.

Wer niemals das Unbehaustsein verletzt
noch den Grundsatz der Nicht-Unterscheidung,
der wahrt die tantrischen Lehren.

Wer Sehnsüchte und Begierden aufgibt,
versteht den wahren Sinn der Schriften.
Durch Mahamudra verbrennt man alle seine
    Sünden;
durch Mahamudra kommt man frei
aus dem Gefängnis dieser Welt.
Sie ist die erhabenste Fackel des Dharma.
Die nicht an sie glauben, sind Narren,
die sich ewig suhlen im Elend und Leid.

Suchst du nach Erleuchtung,
so brauchst du einen Lehrer.
Wenn dein Geist seinen Segen empfängt,
ist Befreiung nahe.
Ach, alle Dinge dieser Welt sind ohne
    Bedeutung;
sie sind nur Samen des Leids.
Mindere Lehren führen zum Tun,
also folge nur Lehren von Größe.

Die Überwindung der Zweiheit
ist die königliche Sicht,
das Bezwingen der Ablenkung
ist die königliche Übung;

der Pfad der Nicht-Übung
ist der Weg aller Buddhas.
Wer diesen Pfad betritt,
erlangt Buddhaschaft.

Vergänglich ist diese Welt,
schemenhaft, trügerisch und ohne Gehalt.
Entsage ihr, verlaß die Deinen,
löse die Bande von Lust und Haß;
meditiere in Wäldern und auf Bergen.
Wenn du ohne Mühe leicht und natürlich
    verweilst,
wirst du bald Mahamudra finden
und das Nicht-Erlangbare erlangen.

Fälle einen Baum an der Wurzel,
und die Blätter werden welk;
treffe den Geist an der Wurzel,
und Samsara fällt ab.
Das Licht einer Lampe vertreibt
im Nu die Dunkelheit von Äonen;
das helle Licht des Geistes
verbrennt wie mit einem Blitz
den Schleier der Unwissenheit.

Wer am Geist hängt,
sieht nicht die Wahrheit,
die ihn überschreitet.

Wer an der Dharma-Übung hängt,
verfehlt die Wahrheit jenseits der Übung.
Um zu wissen, was jenseits von beiden ist,
mußt du die Wurzel des Geistes klar treffen
und nackt anschauen,
mußt alles Unterscheiden aufgeben
und ruhig in dir verweilen.
Ohne Geben und Nehmen verweile natürlich,
denn Mahamudra überschreitet jedes
 Annehmen und Ablehnen.
Da das Bewußtsein ungeworden ist,
kann niemand es behindern oder beflecken.
Verweilst du im Reich des Ungewordenen,
lösen sich alle Erscheinungen im endgültigen
 Dharma auf,
jeder Eigenwille und Stolz verschwindet im
 Nichts.

Das höchste Verstehen überschreitet alles
 Dies und Das.
Das höchste Tun umfaßt
große Fülle ohne Anhaften.
Die höchste Vollendung
schaut Immanenz, ohne zu hoffen.

Am Anfang fühlt der Yogi seinen Geist
wie einen Wasserfall rauschen.
Auf halbem Wege fließt er langsam

und ruhig wie der Ganges.
Am Ende ist er wie das große weite Meer,
wo die Lichter von Mutter und Kind
in Eins zusammenfließen.

Tilopa: *Mahamudra*

73

Schaue in deinen eigenen Geist

Da im Grunde genommen keine Dualität existiert, ist jede Aufteilung falsch. Solange die Dualität nicht überschritten und Ganzheit nicht erkannt wird, kann keine Erleuchtung erlangt werden. Samsara und Nirvana sind zusammen, in untrennbarer Einheit, der Geist.

Durch Weltanschauungen, die angenommen oder abgelehnt werden können, wandert man auf dem Irrweg des Samsara. Deshalb begreife den tiefen Sinn dieser Lehren durch aufrichtige, begierdelose Dharmapraxis.

Obwohl der eine Geist er selbst ist, hat er keine Existenz.

Erforsche den Geist in seiner Reinheit, und du stellst fest, daß der Verstand ihn wahrnehmen kann, obwohl er unsichtbar ist. In seinem Urzustand ist der Geist nackt und unbefleckt; er ist aus nichts zusammengesetzt, die reine Leere; klar, ausdruckslos, ungespalten, durchsichtig, zeitlos, unabhängig, ungehindert, farblos; er wird nicht als losgelöstes Etwas erkannt, sondern als die Einheit aller Dinge, jenseits jeder möglichen Zusammensetzung; er hat nur einen

Geschmack und ist jenseits jeglicher Differenzierung.

Da der eine Geist selbst wahrlich ungewordene Leere ist, ist auch der eigene Geist so leer wie das Firmament. Um zu erfahren, ob dies so ist oder nicht, schaue in deinen eigenen Geist. Da die Welt der Erscheinungen so flüchtig ist wie die Luft im Freien, haben konkrete Erscheinungen keine Kraft, dich zu betören und zu fesseln. Um zu erfahren, ob dies so ist oder nicht, schaue in deinen eigenen Geist. Da alle äußeren Erscheinungen von selbst entstehen und sich frei bewegen wie die Wolken am Himmel, lösen sie sich auch wieder ganz von selbst auf und kehren dahin zurück, wo sie herkamen. Um zu erfahren, ob dies so ist oder nicht, schaue in deinen eigenen Geist. Da sich das Dharma nirgendwo sonst befindet außer im Geist, gibt es keinen anderen Ort für die Meditation als den Geist. Da sich das Dharma nirgendwo sonst befindet außer im Geist, ist die Verbreitung und Befolgung anderer Lehren überflüssig. Da sich das Dharma nirgendwo sonst befindet außer im Geist, ist nur dort die Erfüllung der Gelübde möglich. Da sich das Dharma nirgendwo sonst befindet außer im Geist, gibt es nur dort die Lehre, durch die Befreiung erlangt werden kann. Höre also nicht auf, in deinen eigenen Geist zu schauen.

Wenn du in den leeren Raum hinausschaust, wird sich dort kein Ort finden, an dem der Geist scheint. Wenn du nach innen in deinen eigenen Geist schaust, um dort ein Scheinen zu finden, wirst du auch dort vergeblich danach suchen.

Der eigene Geist ist durchsichtig und eigenschaftslos. In seiner Eigenschaftslosigkeit gleicht er dem wolkenlosen Himmel.

Der Geisteszustand, in dem alle Dualitäten überwunden sind, bringt Befreiung.

Höre also nicht auf, in deinen eigenen Geist zu schauen.

Das Tibetanische Buch der Großen Befreiung

74

Aus dem Tibetanischen Totenbuch

Erinnere dich an das klare Licht, das reine, klare, weiße Licht, von dem alles im Universum abstammt, zu dem alles im Universum zurückkehrt; die ursprüngliche Natur deines eigenen Geistes. Der ursprüngliche Zustand des nicht-manifestierten Universums.

Ergib dich dem klaren Licht, vertraue ihm, verschmelze mit ihm. Es ist deine eigene wahre Natur, dein Zuhause.

Die Visionen, die du hast, sind Ausgeburten deines eigenen Bewußtseins; die Formen, die sie annehmen, werden durch deine vergangenen Neigungen, deine früheren Wünsche und Ängste, dein vergangenes Karma bestimmt.

Diese Visionen existieren nur in deinem Bewußtsein. Ganz gleich, wie erschreckend sie auch sein mögen, sie können dich nicht verletzen. Sieh einfach zu, wie sie dein Bewußtsein passieren. Sie werden mit der Zeit vergehen. Es besteht keine Notwendigkeit, sich in sie zu verwickeln. Es besteht keine Notwendigkeit, sich von schönen Visionen hinreißen zu lassen; keine Notwendigkeit, sich über grauenvolle zu entsetzen; keine Notwendigkeit, sich von sexuellen verführen oder erregen zu lassen. Es besteht keine Notwendigkeit, sich überhaupt von irgendeiner dieser Visionen in den Bann ziehen zu lassen.

Laß sie einfach vergehen. Wenn du dich auf diese Visionen einläßt, mußt du möglicherweise lange Zeit verwirrt umherirren. Laß sie einfach dein Bewußtsein passieren, wie Wolken, die am blauen Himmel ziehen.

Tatsächlich haben sie nicht mehr Wirklichkeitsgehalt als diese.

Erinnere dich an diese Belehrungen, erinnere dich an das klare Licht, das reine, hell leuchtende, weiße Licht deiner eigenen Natur, es ist unsterblich.

Wenn du die Visionen genauer betrachtest, kannst du erkennen, daß sie aus demselben reinen, klaren, weißen Licht bestehen wie alles andere im Universum auch.

Ganz gleich, wie weit oder wohin es dich verschlägt, das Licht ist nur einen Sekundenbruchteil, einen halben Atemzug entfernt; es ist niemals zu spät, das klare Licht zu erkennen.

Bardo Thödol

Wer durchs Feuer geht

Schüler des Weges, seht euch an. Wer hier und jetzt zuhört, ist derjenige, der »durchs Feuer geht, ohne verbrannt zu werden, der ins Wasser hinabtaucht, ohne zu ertrinken, und der in den drei tiefsten Höllen unterwegs ist, als wäre er auf einem Jahrmarkt, der die Welt der hungrigen Geister und stummen Geschöpfe betritt, ohne von ihnen belästigt zu werden«.

Warum ist das so? Weil er nichts verachtet. Wenn ihr das Heilige verehrt und das Weltliche verachtet, werdet ihr weiter im Meer von Geburt und Tod umhertreiben. Die Leidenschaften entstehen im Herzen. Wenn das Herz zufrieden ist, wo können dann noch Leidenschaften sein? Hört auf, euch selbst durch ständiges Unterscheiden zu erschöpfen; und ganz natürlich, wie von selbst, werdet ihr den Weg finden.

Rinzai roku

76
Der Weg des Bodhisattvas

Jemand, der den Weg eines Bodhisattvas* geht, sollte von folgendem Gedanken erfüllt sein: »So viele Wesen es im Universum der Wesen auch geben mag, die unter den Begriff *Wesen* fallen – ob sie aus einem Ei, aus einem Schoß, aus Feuchtigkeit oder durch ein Wunder geboren sind; Gestalt oder keine Gestalt, Wahrnehmung oder keine Wahrnehmung haben – und dies gilt für jedes auch nur erdenkliche Universum von Wesen: Sie alle sollen durch mich ins Nirvana geführt werden, ins Reich des vollständigen, rückstandslosen Nirvana. Und doch, obwohl schon unzählige Wesen ins Nirvana geführt worden sind, ist noch kein einziges Wesen ins Nirvana geführt worden. Und warum? Sollte ein Bodhisattva ein ›Wesen‹ in sich erkennen, wäre er kein ›Erleuchtungswesen‹ mehr. Und warum? Sollte jemand in sich ein Ich oder ein Wesen feststellen oder eine lebendige Seele oder eine Person in sich wahrnehmen, kann er nicht mehr als Erleuchtungswesen bezeichnet werden.«

Diamant-Sutra [B]

* Wörtlich: »Erleuchtungswesen«.

Merkmale eines Bodhisattvas

Der Bodhisattva hat weder eine Zukunft noch eine Vergangenheit; er zeigt sich nicht durch Bewegung und auch nicht durch Verweilen, nicht durch Geburt und nicht durch Tod, nicht durch Entwicklung und nicht durch Verfall, nicht durch Aufgang oder Untergang, nicht durch Hoffnung oder Verlangen; er hängt von keinem Tun oder Genießen ab; er kommt weder durch Sein noch durch Nichtsein, weder aus der Ewigkeit noch aus der Vergänglichkeit.

Und doch zeigt sich der Bodhisattva auf diese Weise: Er offenbart sich, wo allumfassende Liebe herrscht, weil er alle Wesen zu belehren wünscht; er offenbart sich, wo ein großes mitfühlendes Herz ist, weil er alle Wesen vor Leiden zu bewahren wünscht; er offenbart sich, wo sittlich gehandelt wird, weil er überall dort anwesend sein möchte, wo er hilfreich sein kann; er offenbart sich, wo immer große Gelübde zu erfüllen sind, weil er die Kraft des Urgelübdes mitbringt; er offenbart sich, wo Wunder gewirkt werden, weil er sich überall dort manifestiert, wo sein Segen erbeten ist; er offenbart sich, wo Absichtslosigkeit geübt wird, weil er nie den Weg der Buddhas verläßt; er offenbart sich, wo mit keinem Geben und Nehmen gerechnet wird, weil er weder materielle noch geistige Ziele verfolgt; er offenbart sich, wo aus transzendentem Wissen geschickte Mittel hervorgehen, weil er der Natur aller Wesen gemäß ist; er offenbart sich, wo Umwandlungen geschehen, weil alle Phänomene nur Reflexionen und Verwandlungsstadien sind.

Avatamsaka Sutra

78
Vollendetes Geben

Sariputra: »Worin besteht vollendetes weltliches Geben, und was ist vollendetes überirdisches Geben?«

Subhuti: »Vollendetes weltliches Geben besteht darin: Der Bodhisattva gibt großzügig all jenen, die bitten, wobei er stets an konkrete Dinge denkt. Er denkt: ›Ich gebe, damit jemand empfängt, darin besteht das Geschenk. Ich verzichte von ganzem Herzen auf meinen Besitz. Ich handle als jemand, der Buddha kennt. Ich übe die Tugend des Gebens. Dieses Geschenk, das ich allen Wesen zugedacht habe, ohne mir daraus einen persönlichen Nutzen zu erwarten, weihe ich der höchsten Erleuchtung. Mögen diese Gabe und ihre Frucht allen Wesen in ihrem jetzigen Leben Segen bringen, auf daß sie alle eines Tages Erlösung finden!‹ Sein Geben ist an drei Dinge gebunden. An welche drei? An die Wahrnehmung eines Ich, an die Wahrnehmung von anderen und an die Wahrnehmung einer Gabe.

Vollkommenes überirdisches Geben andererseits beruht auf dreifacher Lauterkeit. Worin besteht die dreifache Lauterkeit? Hier macht ein Bodhisattva ein Geschenk, ohne dabei an ein Ich, an einen anderen und an ein Geschenk zu denken; er denkt auch nicht an den Lohn seines Gebens. Er macht dieses Geschenk allen Wesen, doch nimmt er weder andere Wesen noch ein Ich wahr. Er weiht dieses Geschenk der höchsten Erleuchtung, aber er macht sich kein Bild von dieser Erleuchtung. Dies wird die überirdische Tugend des Gebens genannt.«

Prajnaparamita Sutra in 25 000 Versen

79

Aus dem Sutra des Sechsten Patriarchen

Der Meister sprach:
»Verehrte Zuhörer, jetzt, da ihr bereits
zum dreifaltigen Buddhakörper Zuflucht genommen habt, werde ich euch die vier großen
Gelübde erläutern. Liebe Freunde, sprecht mir
gemeinsam nach: ›Ich gelobe, ausnahmslos alle
fühlenden Wesen zu erlösen. Ich gelobe, ausnahmslos alle Leidenschaften zu überwinden.
Ich gelobe, immer und überall die Buddhalehre
zu erlernen. Ich gelobe, den unübertroffenen
Buddhaweg zu verwirklichen.‹

Gelehrte Zuhörerschaft, wir haben nun alle
öffentlich gelobt, eine unendliche Zahl von fühlenden Wesen zu erlösen; aber was bedeutet
das? Es bedeutet nicht, daß ich, Hui-neng, ihre
Befreiung in eurem Geist in Angriff nehme.
Und wer sind diese fühlenden Wesen in eurem
Geist? Es sind der trügerische Geist, der hinter-
listige Geist, der böse Geist und derartige Geister – sie alle sind fühlende Wesen. Jeder muß
aus sich selbst heraus, durch seine eigene Geistnatur, Befreiung finden. Dann ist es echte Befreiung.

Was heißt das, aus sich selbst heraus, durch seine eigene Geistnatur, Befreiung finden? Es bedeutet, daß wir die unwissenden, verwirrten und verblendeten Wesenheiten in unserem Geist durch richtige Anschauungen erlösen:

Im Licht richtiger Anschauungen
ersteht der Buddha in uns.
Uns hat noch Mara in der Hand,
solange unsere Natur von den
drei Grundgiften* beherrscht wird.
Aber wenn durch richtige Anschauungen
diese Grundgifte aus unserem Geist verschwin-
    den,
wird Mara in einen wirklichen Buddha verwan-
    delt.

Haben wir ein Bewußtsein,
durch das wir der Welt der fünf Sinne
nicht mehr sklavisch ausgeliefert sind,
und ist uns das Wesen des Geistes auch nur
für einen Moment bewußt geworden,
dann kennen wir die Wahrheit.

Wer in der Lage ist,
die Wahrheit in sich selbst zu schauen,
hat den Samen der Buddhaschaft gesät.

---

* Gier, Haß und Verblendung

Hört her, ihr zukünftigen Schüler!
Ihr werdet lediglich eure Zeit verschwenden,
wenn ihr versäumt, das Gesagte
in die Tat umzusetzen.

Worauf es ankommt, ist,
daß ihr euch selbst erkennt und eure eigene
   Buddhanatur,
die von keiner Ruhe oder Bewegung,
von keinem Werden oder Vergehen,
von keiner Zukunft oder Vergangenheit,
von keiner Anerkennung oder Ablehnung,
von keinem Bleiben und Anderswerden ab-
   hängt.

In unerschütterlicher Gelassenheit
verzichtet der vollkommene Mensch
auf die Ausübung jeder Tugend.
In unbefangenem Gleichmut
begeht er niemals eine Sünde.
In ruhigem Schweigen gibt er
Hören und Sehen auf.
In aufrichtiger Leidenschaftslosigkeit
hängt sich sein Geist an nichts.«

Hui-neng: *Das Plattform-Sutra*

80
Das Nirvana

Diejenigen, die das Leid fürchten, das aus dem Kreislauf von Geburt und Tod entsteht, plagen sich, ins Nirvana einzugehen; sie erkennen nicht, daß es zwischen Geburt-und-Tod und dem Nirvana in Wirklichkeit überhaupt keinen Unterschied gibt. Sie halten das Nirvana für einen Zustand, in dem kein Werden existiert und in dem die Verbindung zwischen Sinnesorganen und Sinnesgegenständen völlig aufgehoben ist, und sie wollen nicht begreifen, daß es tatsächlich nur die direkte Erkenntnis ihres eigenen, inneren Speicherbewußtseins ist. Daher lehren sie die drei Fahrzeuge, aber nicht die Lehre, daß in Wirklichkeit außer dem Geist, in dem sich keine Bilder befinden, nichts existiert. Deshalb haben sie keine Ahnung vom Ausmaß der inneren Erkenntnisse früherer, gegenwärtiger und vergangener Buddhas und bleiben der Überzeugung, daß sich die Welt über die Reichweite des geistigen Auges hinaus erstreckt. Und so drehen sie sich weiter im Rad der Wiedergeburt.

Lankavatara Sutra [B]

81
Körper und Geist fallenlassen

Wenn du einmal begreifst, daß Geburt-und-Tod mit dem Nirvana identisch ist, wirst du weder das eine als Geburt oder Tod hassen noch das andere als Nirvana verehren. Nur dann kannst du von Geburt-und-Tod unabhängig sein.

Diese gegenwärtige Existenz ist das Leben des Buddha. Wenn du sie mit Verachtung strafst, verfehlst du den lebendigen Buddha. Wenn du dich an sie klammerst, indem du dich mit Geburt-und-Tod identifizierst, verfehlst du ebenfalls den lebendigen Buddha. Aber versuche nicht, dies in Worten festzuhalten und zu definieren. Wenn du Körper und Geist einfach von dir abfallen läßt und ganz auf das Reich des Buddha vertraust, dann kommst du von Geburt-und-Tod los und verwirklichst, ohne Kraft und Gedanken darauf zu verwenden, Buddha in dir. Wenn du dies verstehst, bist du nicht länger gebunden.

Es gibt einen äußerst einfachen Weg, Buddha in dir zu verwirklichen. Wenn du der Welt nicht mehr in Haß oder Zorn begegnest, sie nicht mehr begehrst oder beklagst, sondern Böses bewußt unterläßt, nicht an Geburt-und-Tod hängst, aus tiefem Mitgefühl für alle Lebewesen handelst, die über dir achtest und die unter dir freundlich behandelst – dann verwirklichst du Buddha. Hör auf, nach mehr zu suchen.

Dogen: *Shoji*

Eure wahre Natur geht niemals verloren, auch nicht in Augenblicken der Täuschung, noch wird sie im Augenblick der Erleuchtung gewonnen. Es ist die Natur des Soseins, in der es weder Täuschung noch rechtes Verständnis gibt. Sie erfüllt die Leere und ist von Anbeginn eins mit dem Wesen des einen Geistes. Wie können dann eure geistigen Schöpfungen außerhalb der Leere existieren?

Die Leere ist grundsätzlich ohne räumliche Dimensionen, ohne Leidenschaften, Tätigkeiten, Täuschungen oder rechtes Verständnis. Ihr müßt klar erkennen, daß in ihr keine Dinge, keine Menschen, keine Buddhas existieren; denn diese Leere enthält nicht die geringste Spur von irgend etwas, das räumlich wahrnehmbar ist. Sie hängt von nichts ab und ist an nichts gebunden. Sie ist allesdurchdringende, makellose Schönheit. Sie ist das aus sich heraus bestehende und ungeschaffene Absolute. Wieso kann es dann überhaupt noch in Frage gestellt werden, daß der *wirkliche* Buddha keinen Mund hat und kein Dharma verkündigt oder daß zum *wirkli-*

chen Hören keine Ohren gebraucht werden? Wer wäre denn da, um zu hören? Ah, dieses Juwel ist unübertroffen.

Dieser reine Geist, der Ursprung von allem, erstrahlt ohne Unterlaß im Glanz seiner eigenen Vollkommenheit und beleuchtet alles. Aber die Menschen auf der Welt werden sich dessen nicht bewußt, weil sie nur das für Geist halten, was sieht, hört, fühlt und versteht. Geblendet von ihrem eigenen Sehen, Hören, Fühlen und Verstehen, nehmen sie das geistige Strahlen des Urgrunds nicht wahr. Würden sie nur einmal ihr begriffliches Denken ablegen, würde sich dieser Urgrund offenbaren wie die Sonne, die in der Leere aufsteigt und ohne Hindernisse oder Schranken das ganze Weltall erleuchtet. Wenn ihr Schüler des Weges also versucht, durch Sehen, Hören, Fühlen und Verstehen Fortschritte zu machen, dann werden euch, wenn ihr von euren Wahrnehmungen abgeschnitten seid, alle Türen verschlossen sein, die zum Geist führen, und ihr findet nirgends Eintritt.

Seid euch nur bewußt, daß der wahre Geist, auch wenn er in diesen Wahrnehmungen zum Ausdruck kommt, weder ein Teil von ihnen noch getrennt von ihnen ist. Ihr dürft aus diesen Wahrnehmungen keine Schlüsse ziehen und kein begriffliches Denken darauf aufbauen. Doch genausowenig solltet ihr den einen Geist außerhalb von ihnen suchen oder euch auf eurer Suche nach dem Dharma von ihnen lossagen. Haltet sie nicht fest, gebt sie nicht auf, verweilt nicht darin, jagt ihnen nicht nach. Über und unter euch und um euch herum ist alles aus sich selbst heraus da, denn es gibt nichts, was außerhalb des Buddhageistes ist.

Huang-po: *Der Geist des Zen*

83
Das Gleichnis vom unbemerkten Juwel

Allverehrter! Denkt euch, da ist ein Reisender, der macht im Haus eines Freundes Rast, betrinkt sich dort und schläft ein. Und während er noch schläft, befestigt der Freund ein Geschenk an seinem Gewand. Es ist ein Juwel von unschätzbarem Wert. Dann verläßt jener das Haus, um seinen Dienst zu versehen. Der Mann, der seinen Rausch ausschläft, merkt nichts davon und setzt, als er aufgestanden ist, ahnungslos seine Reise fort. Schließlich verschlägt es ihn in ein Land, wo er äußerst hart arbeiten muß, nur damit er etwas zu essen und anzuziehen hat. So führt er für lange Zeit ein mühevolles und beschwerliches Leben und ist froh, daß es gerade für das Notwendigste reicht. Da begegnet ihm zufällig jener Freund und sagt folgendes zu ihm: »Na so etwas! Mein Lieber, weshalb mußt du dich so für Essen und Kleidung schinden? Damals, an jenem Tag, in jenem Monat und Jahr, habe ich dir einen wertvollen Juwel an deine Kleidung geheftet, weil ich wollte, daß du ein unbeschwertes Leben führst, in dem keiner deiner fünf Sinne zu kurz kommt.

Nun ist er immer noch an seinem alten Platz, und du Ahnungsloser quälst und schindest dich, nur um am Leben zu bleiben. Wie dumm von dir! Geh nun, tausche den Juwel für das ein, was du brauchst, und tue, was immer du willst, frei von Armut und Mangel.«

Lotus Sutra

84
Lobgesang des Zazen

Alle Wesen sind ursprünglich Buddha,
wie Eis an sich Wasser ist.
Ohne Wasser gibt es kein Eis;
ohne Wesen keinen Buddha.

Wie traurig, daß die Menschen
das Naheliegende nicht achten
und die Wahrheit in der Ferne suchen:
Sie gleichen denen, die im Wasser
vor Durst nach Wasser schreien,
oder einem Kind aus reichem Haus,
das in Armut umherirrt.

Verloren auf des Unwissens dunklen Pfaden,
ziehen wir dahin durch die sechs Welten,
von einer Sackgasse zur anderen –
wann endlich werden wir frei von Geburt-und-
  Tod?

Oh, Zenmeditation des Mahayana!
Sie sei über alles gepriesen!
Hingabe, Reue, Übung,
die vielen Vollkommenheiten –

———

sie alle haben ihren Ursprung in der
  Zenmeditation.

Wer auch nur einmal Zazen übt,
tilgt unzählige Vergehen.
Wo sind dann die dunklen Pfade geblieben?
Das Reine Land selbst ist nah.

Wer einmal nur diese Wahrheit hört
und ihr dankbaren Herzens lauscht,
sie preist und vertrauensvoll ihr folgt,
erlangt unendlichen Segen.

Wer aber sich nach innen wendet
und die Wahrheit des Wesens bezeugt,
jenes Wesens, das wesenlos ist,
geht weit über die Lehre hinaus.

Ihm öffnet sich das Tor
der Einheit von Ursache und Wirkung,
und der einzige Weg tut sich auf,
kein zweiter und dritter.

In der Form, die keine Form ist,
im Kommen und Gehen,
im Denken, das kein Denken ist,
sind selbst unser Singen und Tanzen die Stimme
  der Wahrheit.

Wie grenzenlos weit ist der Himmel des
  Samadhi!
Wie hell der Vollmond der vierfachen Weisheit!
In diesem Augenblick – was könnte noch
  fehlen?
Das Nirvana liegt vor unseren Augen,
hier ist das Lotosland,
dieser Leib ist der Buddha.

Hakuin: *Zazen Wasan*
(nach Robert Aitken und Zenkei Shibayama)

Quellenangaben

Im folgenden finden Sie in alphabetischer Reihenfolge sämtliche (englischen) Quellen, aus denen die Texte dieses Buches ausgewählt sind. Die Buchstaben in eckigen Klammern [A–E] hinter den Buchtiteln dienen zur Unterscheidung verschiedener (englischer) Ausgaben desselben Ursprungstextes. Die Zahlen in runden Klammern (1–84) am Ende jeder Quellenangabe beziehen sich auf die Nummern der Abschnitte in diesem Buch.

Zu allen hier wiedergegebenen Texten liegen – neben den Urtexten – auch andere deutsche und fremdsprachige Übersetzungen vor, die zum Teil zur Bearbeitung dieser Übersetzung mit herangezogen wurden.

Anguttara Nikaya [A]: aus Nyanaponika Thera (Übers.), *Anguttara Nikaya: Discourses of the Buddha, an Anthology,* Kandy, Sri Lanka: Buddhist Publication Society, 1975 (Nr. 22, 41)

Anguttara Nikaya [B]: aus Nyanatiloka (Übers.), *The Word of the Buddha,* Kandy, Ceylon: Buddhist Publication Society, 1971 (Nr. 27, 51)

Anguttara Nikaya [C]: aus Andy Olendzki (Übers.), *Inquiring Mind* , o. O., o. J. (Nr. 48)

Anguttara Nikaya [D]: aus Kerry Brown und Joanne

B'Brien (Hrsg.), *The Essential Teachings of Buddhism*, London: Rider Books, 1989 (Nr. 59)

Avatamsaka Sutra: aus Sangharakshita, *The Eternal Legacy*, London: Therpa Publications, 1985 (Nr. 77)

Bardo Thödol: siehe *Das Tibetanische Totenbuch* (Nr. 74)

Bhaddekaratta Sutta: aus Thich Nhat Hanh, *Our Appointment with Life*, Berkeley, Calif.: Parallax Press, 1990 (Nr. 56)

Bodhicharyavatara: aus Eknath Easwaran, *God Makes the Rivers to Flow*, Tomales, Calif.: Nilgiri Press, o. J. (Nr. 63)

Buddhistische Parabeln: aus E. W. Burlingame (Übers.), *Buddhist Parables*, New Haven, Conn.: Yale University Press, 1922 (Nr. 26)

Dhammapada [A]: aus Thomas Byrom (Übers.), *The Dhammapada: The Sayings of the Buddha*, New York: Alfred A. Knopf, 1976 (Nr. 1, 4, 7, 10, 11, 14, 16, 25, 31, 33, 35, 37, 45)

Dhammapada [B]: aus Nyanamoli Thera (Hrsg.), *The Life of the Buddha*, Kandy, Sri Lanka: Buddhist Publication Society, 1978 (Nr. 20)

Diamant-Sutra [A]: aus A. F. Price und Wong Mou-lam (Übers.), *The Diamond Sutra and the Sutra of Hui-neng*, Boston: Shambhala Publications, 1990 (Nr. 68)

Diamant-Sutra [B]: aus Edward Conze (Übers.), *Buddhist Wisdom Books*, London: George Allen & Unwin, 1958 (Nr. 76)

Digha Nikaya [A]: aus Maurice Walshe (Übers.), *Thus Have I Heard*, Boston: Wisdom Publications, 1987 (Nr. 6)

Digha Nikaya [B]: aus Bhikkhu Bodhi (Übers.), *The Dis-*

course on the Fruits of Recluseship, Kandy, Sri Lanka: Buddhist Publication Society, 1989 (Nr. 43)

Digha Nikaya [C]: aus Geoffrey Parrinder (Hrsg.), *The Wisdom of the Early Buddhists*, New York: New Directions Publishing Corp., 1977 (Nr. 49)

Dogen: *Fukanzazengi*: aus Nyogen Senzaki und Ruth Strout McCandless, *Buddhism and Zen*, Berkeley, Calif.: North Point Press, 1987 (Nr. 70)

Dogen: *Genjo Koan*: aus Kazuaki Tanahashi (Hrsg.), *Moon in a Dewdrop*, Berkeley, Calif.: North Point Press, 1986 (Nr. 71)

Dogen: *Shoji* (»Geburt und Tod«): aus Masao Abe und Norman Waddell (Übers.), in *The Eastern Buddhist*, vol. 5, no. 1, May, 1972 (Nr. 81)

Hakuin: *Zazen Wasan*: aus Robert Aitken, *Taking the Path of Zen*, Berkeley, Calif.: North Point Press, 1982 (Nr. 84)

Huang-po: *Der Geist des Zen*: aus John Blofeld (Übers.), *The Zen Teaching of Huang Po*, New York: Grove Press, 1958 (Nr. 82)

Hui-neng: *Das Plattform-Sutra:* aus Philip Yampolsky (Übers.), *The Platform Sutra of the Sixth Patriarch,* New York: Columbia University Press, 1967, und A. F. Price und Wong Mou-lam (Übers.), *The Diamond Sutra and The Sutra of Hui-neng*, Boston: Shambhala Publications, 1990 (Nr. 79)

Itivuttaka: aus Sangharakshita, *The Eternal Legacy*, London: Therpa Publications, 1985 (Nr. 52)

Khuddhaka Patha: aus William de Bary (Hrsg.), *The Buddhist Tradition*, New York: Vintage Books, 1972 (Nr. 53)

Lalitavistara: aus William de Bary (Hrsg.), *The Buddhist Tradition*, New York: Vintage Books, 1972 (Nr. 64)

Lankavatara Sutra [A]: aus D. T. Suzuki (Übers.), *The Lankavatara Sutra*, London: Routledge & Kegan Paul, 1932 (Nr. 66)

Lankavatara Sutra [B]: aus William de Bary (Hrsg.), *The Buddhist Tradition*, New York: Vintage Books, 1972 (Nr. 80)

Lotus Sutra: aus Bunno Kato et al. (Übers.), *The Threefold Lotus Sutra*, Boston: Tuttle, 1986 (Nr. 83)

Mahaparinibbana Sutta [A]: aus Maurice Walshe (Übers.), *Thus Have I Heard*, Boston: Wisdom Publications, 1987 (Nr. 55)

Mahaparinibbana Sutta [B]: aus T. W. Rhys-Davids (Hrsg.) *Sacred Books of the Buddhists*, vol. 3, London: Pali Text Society, 1977 (Nr. 61)

Mahavagga: aus T. W. Rhys-Davids und Herman Oldenberg (Übers.), *Vinaya Texts*, part I, in *Sacred Books of the East*, Delhi: Motilal Bararsidass, 1968 (Nr. 30)

Majjhima Nikaya [A]: aus William de Bary (Hrsg.), *The Buddhist Tradition*, New York: Vintage Books, 1972 (Nr. 15)

Majjhima Nikaya [B]: aus Nyanamoli Thera (Hrsg.), *The Life of the Buddha*, Kandy, Sri Lanka: Buddhist Publication Society, 1978 (Nr. 19)

Majjhima Nikaya [C]: aus E. A. Burtt (Hrsg.), *The Teachings of the Compassionate Buddha*, New York: Mentor Books, 1955 (Nr. 21)

Majjhima Nikaya [D]: aus Nyanatiloka (Übers.), *The Word of the Buddha*, Kandy, Sri Lanka: Buddhist Publication Society, 1971 (Nr. 24)

Majjhima Nikaya [E]: aus Christmas Humphreys (Übers.), *Wisdom of Buddhism*, New York: Random House, 1961 (Nr. 47)

Mangala Sutta: aus Gunaratana Mahathera (Übers.), *Bhavana Vandana: Book of Devotion*, High View, W. Va.: Bhavana Society (Nr. 8)

Milindapanha: aus Edward Conze (Hrsg.), *Buddhist Scriptures*, New York: Penguin Books, 1959 (Nr. 32)

Prajnaparamita Sutra in 25 000 Versen: aus Edward Conze (Hrsg.) *Buddhist Texts through the Ages*, Boston: Shambhala Publications, 1990 (Nr. 78)

Rinzai: *Rinzai roku*: aus Irmgard Schloegl (Übers.), *The Zen Teachings of Rinzai*, Boston: Shambhala Publications, 1976 (Nr. 75)

Samyutta Nikaya [A]: aus John Ireland (Übers.), *An Anthology from the Samyutta Nikaya*, Kandy, Sri Lanka: Buddhist Publication Society, 1981 (Nr. 9, 46)

Samyutta Nikaya [B]: aus Edward Conze (Hrsg.), *Buddhist Texts through the Ages*, Boston: Shambhala Publications, 1990 (Nr. 13)

Samyutta Nikaya [C]: aus Nyanamoli Thera (Hrsg.), *The Life of the Buddha*, Kandy, Sri Lanka: Buddhist Publication Society, 1978 (Nr. 18)

Samyutta Nikaya [D]: aus Nyanatiloka (Übers.), *The Word of the Buddha*, Kandy, Ceylon: Buddhist Publication Society, 1971 (Nr. 23, 27)

Samyutta Nikaya [E]: aus David Maurice (Übers.), *The Lion's Roar*, New York: Citadel Press, 1967 (Nr. 28)

Satipatthana-Sutta [A]: aus Thich Nhat Hanh, *Transformation and Healing*, Berkeley, Calif.: Parallax Press, 1990 (Nr. 36)

Satipatthana-Sutta [B]: aus Thich Nhat Hanh, *Breathe!
    You Are Alive: The Sutra on Full Awareness Breath-
    ing*, Berkeley, Calif.: Parallax Press, 1988 (Nr. 39)

Seng-tsan: *Hsin-hsin-ming* (jap. *Shinjinmei*): aus Richard
    B. Clarke, *Verses on the Faith Mind*, Fredonia, New
    York: White Pine Press, 1984 (Nr. 69)

Sutta Nipata [A]: aus Saddhatissa (Übers.), *The Sutta-ni-
    pata*, London: Curzon Press, 1988 (Nr. 3, 34)

Sutta Nipata [B]: aus E. Max Müller (Hrsg.), *Sacred Books
    of the East*, vol. 10, London: Oxford University Press,
    1924 (Nr. 17, 42, 57)

Theri-Gatha: aus Susan Murcott (Übers.), *The First
    Buddhist Women*, Berkeley, Calif.: Parallax Press,
    1991 (Nr. 44)

Das Tibetanische Buch der Großen Befreiung: W. Y.
    Evans-Wentz (Übers.), *The Tibetan Book of Great
    Liberation*, London: Oxford University Press, 1954
    (Nr. 73)

Das Tibetanische Totenbuch: W. Y. Evans-Wentz (Übers.),
    The Tibetan Book of the Dead, London: Oxford Uni-
    versity Press, 1960 (Nr. 74)

Tilopa: *Mahamudra*: aus Garma C. C. Chang (Übers.),
    Teachings of Tibetan Yoga, New Hyde Park, New
    York: University Books, 1963 (Nr. 72)

Udana: aus F. L. Woodward (Übers.), Minor Antholo-
    gies of the Pali Canon, London: Oxford University
    Press, 1948 (Nr. 38)

Vimalakirti Sutra: aus Robert A. F. Thurman (Übers.)
    The Holy Teaching of Vimalakirti, University Park,
    Penn.: Pennsylvania State University Press, 1976
    (Nr. 67)

Vinaya Pitaka: aus F. S. Woodward (Übers.), *Some Sayings of the Buddha*, London: The Buddhist Society, o. J. (Nr. 50)

Weitergabe des Segens: aus *Chanting Book*, Herfordshire, England: Amaravati Publications, o. J. (Nr. 62)

Yogacara Bhumi Sutra: aus Edward Conze (Hrsg.), *Buddhist Texts through the Ages*, Boston: Shambhala Publications, 1990 (Nr. 12)